中华五千年科学家评传

弘扬中华当代主旋律
掀起少年国学热旋风

中华历史名人略传丛书

中华五千年
科学家评传

崔振明◎主编

中国纺织出版社

内 容 提 要

纵观中华五千年的历史，我国古代以及近现代科学家的成就和对全人类的伟大贡献是有目共睹的。中华历史上的“四大发明”至今被世界科学界所褒扬。中华民族是个不屈不挠的民族，自从有了人类历史，我们就成为世界科技的领航人。

本书对我国古代及近现代科学家们所创造的重大成就进行客观描述，并对他们为人类做出的伟大贡献和对历史进程的影响做出精彩评点。《中华五千年科学家评传》一定会成为青少年读者一本理想的科教读物。

图书在版编目（CIP）数据

中华五千年科学家评传 / 崔振明主编. —北京：中国纺织出版社，2012.6（2023.4重印）

(中华历史名人略传丛书)

ISBN 978-7-5064-8315-5

Ⅰ.①中… Ⅱ.①崔… Ⅲ.①科学家-评传-中国-青年读物 ②科学家-评传-中国-少年读物 Ⅳ.①K826.1

中国版本图书馆CIP数据核字（2012）第022687号

策划编辑：徐丽丽　　责任编辑：徐丽丽　　责任印制：陈 涛

中国纺织出版社出版发行

地址：北京东直门南大街6号　邮政编码：100027

邮购电话：010—64168110　传真：010—64168231

http://www.c-textilep.com

E-mail:faxing @c-textilep.com

永清县晔盛亚胶印有限公司印刷　各地新华书店经销

2012年6月第1版　2023年4月第3次印刷

开本：710×1000　1/16　印张：12

字数：146千字　定价：39.80元

前言

为了“弘扬中华当代主旋律，掀起少年国学热旋风”，把中小学生读物做得更全面，更适合他们积累知识、提高阅读能力，我们倾力打造了“中华历史名人略传”丛书。这是我们以中华五千年国学精髓为基点，由资深教育理论专家共同参与策划，推出的当代青少年智慧阅读经典丛书之一。

我们中华民族自古就是礼仪之邦，青少年儿童是我们伟大文明的继承者。青少年教育要从我做起、从现在做起，引领他们去了解、学习、发扬中华民族的文化精髓，树立他们“遵纪守法、公平正义、诚信友爱”的思想意识，时刻倡导他们弘扬当代主旋律。特别是在新时期，构建和谐社会，树立少年儿童的社会主义荣辱观显得尤其重要。

传承中华国粹，弘扬传统文化。传统文化的复兴必须从孩子们身上着手，培养他们“天下兴亡，匹夫有责”的爱国情操；“己所不欲，勿施于人”的待人之道；吃苦耐劳、勤俭持家、尊师重教的传统美德，中华文明才能世代相传。

中华上下五千年的历史，其实就是一幕幕人间的活话剧，这些名人不但用自身的人格魅力影响着历史的进程，而且还无时无刻不将我们的华夏文明传播四方。由此可见，如何挖掘和发扬传统文化，古为今用，成为当代教育所面临的重要课题。

“中华历史名人略传”丛书将中华上下五千年的中国历史名人，选择经典代表性的人物进行了分门别类，共分为五大名家，其中包括政治家、思想家、军事家、文学家、科学家。同时，书中将他们的思想、行为、所取得的成就及历史评价进行了深入的剖析和解读。

“中华历史名人略传”丛书，故事通俗易懂，会使读者耳目一新，受益匪浅，一定会成为当代青少年最喜爱的教育读本。精彩的专家品析，也一定能成为当代关心孩子教育的家长们的良师益友。

纵观中华上下五千年的历史，我国古代以及近现代科学家的成就和对全人类的伟大贡献，是世人有目共睹的。他们大多数的科学发明来自于我国劳动人民的勤劳和善于发现探索的精神，中华历史上的“四大发明”至今被世界科学界所褒扬。中华民族是个不屈不挠的民族，自从有了人类历史，我们就成为世界科技的领航人。世界的四大科技古国，到今天为止，只有中华民族还生生不息地延续下来。随着时代的发展，我们中华民族也必将在国际社会中创造更加非凡的成就，永远站在人类历史的最前沿。

本书对我国古代以及近现代科学家们所创造的重大成就进行了客观描述，并对他们为人类做出的伟大贡献和对历史进程的影响做出精彩评点。《中华五千年科学家评传》一定会成为青少年读者一本理想的科教读物。

编者

2012年3月

目 录

鲁班

01 土木工匠祖师爷，发明创造锛刨锯（鲁班·春秋）

【生平简介】

姓名：公输般。

别名：公输子、公输盘、班输、鲁般。

出生地：春秋时鲁国（今山东滕州）。

生卒年：约公元前507—约前444年。

身份：木工专家、古代科学家。

主要成就：发明锯、钻、刨子、铲子、曲尺，画线用的墨斗等工具。

【名家推介】

鲁班（约公元前507—约前444），姓公输，名般。又称公输子、鲁般。春秋末期鲁国人，“般”和“班”同音，人们常称呼他鲁班。鲁班出身于世代工匠的家庭，从小参加过许多土木建筑工程劳动，掌握了生产劳动的技能，积累了丰富的实践经验。

他是我国古代著名科学家、发明家，两千多年以来，他的名字和有关他的故事，一直在百姓中流传，后世土木工匠们都尊称他为“祖师爷”。

【名家故事】

鲁班出身在春秋末期工匠的家庭，今天，木工师傅们用的手工工具，如锯、钻、刨子、铲子、曲尺、画线用的墨斗等，据说都是鲁班发明的。每一件工具的发明，都是鲁班在生产实践中得到启发，经过反复研究、试验造出来的。

相传有一年，鲁班接受了鲁国国王建筑一座巨大宫殿的任务。这座宫殿需要很多木料，鲁班就让徒弟们上山砍伐树木，由于当时还没有锯子，他的徒弟们只好用斧头砍伐，但这样效率非常低，徒弟们每天起早贪黑拼命地干，都累得筋疲力尽，也砍伐不了多少树木，远远不能满足工程的需要，使工程进度一拖再拖，眼看着工程期限越来越近，这可急坏了鲁班。他决定亲自上山察看砍伐树木的情况，上山的时候，无意中抓了一把山上长的一种野草，一下子将手划破了，鲁班很奇怪，一根小草为什么这样锋利？于是他摘下了一片叶子细心观察，发现叶子两边长着许多小细齿，用手轻轻一摸，这些小细齿非常锋利，他明白了，他的手就是被这些小细齿划破的。很快鲁班又发现一条大蝗虫在草上啃吃叶子，两颗大板牙非常锋利，一开一合，很快就把一大片叶子全部吞噬掉了，这同样引起了鲁班的好奇心，他抓住一只蝗虫，仔细观察蝗虫牙齿的结构，发现蝗虫的两颗大板牙上同样排列着许多小细齿，蝗虫正是靠这些小细齿来咬断草叶的。通过这两件事，鲁班受到很大启发，陷入了深深的思考。他想："如果把砍伐木头的工具做成锯齿状，不是同样会很锋利吗？砍伐树木也就容易多了。"于是他就用大毛竹做成一条带有许多小锯齿的竹片，然后到小树上去做试验，结果果然不错，几下子就把树皮拉破了，再用力拉几下，小树杆就划出一道深沟，鲁班非常高兴。但是由于竹片比较软，强度比较差，不能长久使用，用了一会儿，小锯齿就有的断了，有的变钝了，需要更换竹片，这样就影响了砍伐树木的速度，看来竹片不宜作为制做锯齿的材料，应该寻找一种强度、硬度都比较高的材料来代替，这时鲁班想到了铁片。于是他带着徒弟们立即下山，请铁匠们帮助制作带有小锯齿的铁片，然后到山上继续实践。鲁班和徒弟各拉一端，在一棵树上拉了起来，只见他俩一来一往，不一会儿就把树锯断了，又快又省力，锯就这样发明了。

鲁班是个木匠，使用斧头砍木料的技术很高，但是用斧子把木料砍得又平又光还是很难的。为此，鲁班又做了一把薄斧子，磨得很快，砍起来比以前好多了，可还不理想。一次，鲁班见农人用耙子把地耙得很平，他从中受到启发，回家便制了一把平刃平面的刀，上面盖了块铁片，这回鲁班不砍了，他用这把刀在木料上推。一推，木料推下来薄薄一层木片，推了十几下，木头的表面又平整又光滑，比过去用斧头砍强多了，可这东西拿在手里推时既卡手又使不上劲，鲁班又做了一个木座，把窄刀装在里面，刨子就这样诞生了。

鲁班常年四处奔波，给人干活。这一天，他忙了一天，坐下来休息等东家做饭吃。但见这家人拿来麦子，放在石臼里，用沉重的石杵去捣，捣麦的人累得满头大汗，才捣碎了很少一点。因为麦粒是椭圆的，用劲小了，砸不碎；劲大了，又把麦粒砸跑了，真是有劲也使不上。鲁班看在眼里，开始琢磨改进这种笨重的捣麦方法。

有一天，鲁班来到另一个地方干活，恰巧看到一个老太婆捣麦子，老太婆年岁大了，举不起石杵了，她扶着石杵，在石臼里研着麦粒，鲁班走过去一看，石臼里的麦粒有不少已经磨成了粉。鲁班回到家，他找来两块大石头，把石料凿成两个大圆盘，又在每个圆盘的一面凿出一道道槽，其中的一个大石盘，上面凿个洞，并安上木把，将两个石圆盘摞在一起，凿槽的两面相合，中心装了个轴。他在圆盘的中间洞上放麦子，然后转动上面的石盘，麦粒从洞眼漏进两个石盘之间，很快从两石盘缝里转出来变成面粉。这就是两千多年来，在我国农村曾经广泛使用过的石磨。

鲁班的发明创造还有很多，这些发明都集中体现出了我国古代劳动人民的智慧，后代的人们把鲁班看成勤劳与智慧的象征。

【专家品析】

在鲁班之前，肯定会有不少人遇到过手被野草划破的类似情况，为什么单单只有鲁班从中受到启发，发明了锯，这无疑值得我们思考。大多数人只是认为这是一桩生活小事，不值得一提，他们往往在治好伤口以后就把这件事忘掉了，而鲁班却有比较强烈的好奇心和正确的想法，很注意对生活当中一些微小事件的观察、思考和钻研，从中找到解决问题的方法和思路，甚至获得某些创造性发明。

从鲁班这些来自于生活中的发明创造，我们得出一个深刻的道理：留意生活中许多不起眼的小事，勤于思考，一定会增长许多智慧。

【科学成就】

鲁班的发明创造有多种，主要有：机封、农业机具、木工工具、锁钥、兵器、仿生机械、雕刻、土木建筑。

02 中医诊脉先河开，医术高超神医来（扁鹊·春秋）

【生平简介】

姓名：秦越人。

别名：扁鹊。

出生地：勃海郡鄚县（今河北任丘）。

生卒年：公元前407—前310年。

身份：中医学家。

主要成就：创造并总结四诊：望诊、闻诊、问诊和切诊。

【名家推介】

扁鹊（公元前407—前310），姬姓，春秋战国时期名医，勃海郡鄚（今河北任丘）人。由于他的医术高超，被当世称为“神医”。扁鹊精于内科、外科、妇科、儿科、五官科等学科，应用砭刺、针灸、按摩、汤液、热熨等方法治疗疾病而名闻天下。

扁鹊一生创有：《难经》，四诊法（望、闻、问、切），奠定了中医学的切脉诊断方法，开启了中医学的先河。扁鹊被公认为中国传统医学的鼻祖，中医理论的奠基人。

【名家故事】

扁鹊年轻的时候在乡下开过旅店，是个小老板。当时在他的旅店里有一位长住的客人叫长桑君，俩人投缘，感情融洽。长期交往以后，长桑君终于对扁鹊说："我掌握着一些秘方验方，现在我岁数大了，想把这些医术及秘方传授给你，希望你保守秘密，不可外传。"扁鹊十分欣喜，当场拜长桑君为师，继承了他的医术。

医术学成后，扁鹊开始行医民间，他的足迹遍及当时的齐、赵、卫、郑、秦各国。扁鹊技术十分全面，无所不通，为此声名大振。

扁鹊在诊视疾病中，全面应用中医诊断技术，即四诊：望诊、闻诊、问诊和切诊，当时扁鹊称它们为望色、听声、写影和切脉。这些诊断技术，以及关于扁鹊的一些治病案例均被后人写入史书典籍。这些技术中，扁鹊尤其精于望色，即通过望色判断病证及其病程演变过程。

一天，晋国的大夫赵简子病了，五日五夜不省人事，众人十分害怕，于是喊来扁鹊，扁鹊看了以后说："大夫赵简子血脉正常，没什么可怕的，不会超过三天就一定能醒。"果然，到了两天半的时候，他醒了。

有一次，扁鹊路过虢国，看到这个国家的老百姓都在祈福消灾，就问，发生了什么事情？有人告诉扁鹊说："太子死了，到现在已经大半天了。"扁鹊赶忙向宫里的人了解情况，掌握详细信息后，扁鹊认为太子患的只是一种突然昏倒的"尸厥"症，并不是真的死了，便说自己是医生并央请宫里的人带他去给太子察看诊治。见到太子后，他越发觉得自己的判断是正确的，太子只是暂时不省人事，于是他让弟子磨研针石，刺百会穴，又做了药力能入体五分的汤药，用完药后太子竟然坐了起来，和常人无异。继续调补阴阳，两天以后，太子完全恢复了。从此，天下人传言扁鹊能"起死回生"，但扁鹊却否认说："我并不能救活死人，只不过能把应当能活的人的病治愈罢了。”

还有一次，扁鹊来到蔡国，蔡桓公知道他声望很大，便宴请扁鹊，他见到蔡桓公以后说：“君王有病，就在肌肤之间，不治会加重的。”蔡桓公很不高兴，非常不相信扁鹊的话，就将扁鹊轰出宫去。五天后，扁鹊又去见蔡桓公，说道：“大王的病已到了血脉，不治会加深的。”蔡桓公仍然不信，而且更加不高兴了。又过了五天，扁鹊再次去见蔡桓公时说：“病已到肠胃，不治会更重的。”蔡桓公万分恼怒，因为他根本不喜欢别人说他有病。五天的时间很快又过去了，这次，扁鹊一见到蔡桓公，就急忙跑开了，蔡桓公十分纳闷，就派人去问，扁鹊说：“病在肌肤之间时，可用医药治愈；在血脉，可用针刺、砭石的方法达到治疗效果；在肠胃里时，借助酒的力量也能达到；可病到了骨髓，就无法治疗了，现在大王的病已在骨髓，我无能为力了。”果然，五天后，蔡桓公身患重病，忙派人去找扁鹊，扁鹊早已躲走了。就这样，不久后蔡桓公不治身亡。

扁鹊在长期的行医过程中牢记师傅叮嘱的行医“六不治”原则，即：依仗权势、骄横跋扈的人不治；贪图钱财、不顾性命的人不治；暴饮暴食、饮食无常的人不治；病深不早求医的人不治；身体虚弱不能服药的人不治；相信巫术不相信医道的人不治。

除此以外，扁鹊还是一位朴素的唯物主义者，一生坚持与巫医巫神作斗争，每到一处，他都向人们宣传科学思想，劝导人们信医不信巫，以免枉送性命。由于医德高尚、医术超群、医技精湛，他遭到了当时身为秦国太医令李醯的妒忌。

当时，秦武王有病，召请名闻天下的扁鹊来治。一天，太医令李醯和一班文武大臣赶忙出来劝阻，说大王的病处于耳朵之前、眼睛之下，扁鹊未必能除，万一出了差错，将使耳不聪、目不明。扁鹊听了气得把治病用的砭石一摔，对秦武王说：“大王同我商量好了治病，却又允许一班蠢人从中捣乱，假使你也这样来治理国政，那你一定就会亡国！”结果太医令李醯治不好的病，到了扁鹊手里，秦武王化险为夷。在这场技术高低的较量上，扁鹊彻底战胜了李醯。李醯自知不如扁鹊，就产生嫉妒之心，使人暗下毒手，杀害了扁鹊。

千百年来，扁鹊深为百姓们所爱戴和崇敬，人们称他为能“起死回生”的神医。在他行医经过的共约四千里的路途上，历代老百姓为他建陵墓、立碑石、筑庙宇、奉香火。

【专家品析】

扁鹊治疗疾病综合运用了我国诊病的“四诊”原则，即望、闻、问、切。在治疗上，扁鹊不满足于一技一法，而是根据客观实际需要，精通一科，兼融百科，做到一专多能。

扁鹊的医学经验，在我国医学史上占有承前启后的重要地位，对我国医学发展有较大的影响。因此，医学界历来把扁鹊尊为我国古代医学的祖师，说他是“中国的医圣”、“古代医学的奠基者”。《中国通史简编》称他是“医学总结经验的第一人”。

【科学成就】

扁鹊不仅精通内科，还兼通儿科、妇科、五官科、外科；他在诊断上，不仅精通“切脉”，而且善于“望色、听声、写形”；在治法上，不仅精通针灸，还善于用砭石、熨贴、按摩、手术、汤药等治疗各种疾病。

扁鹊

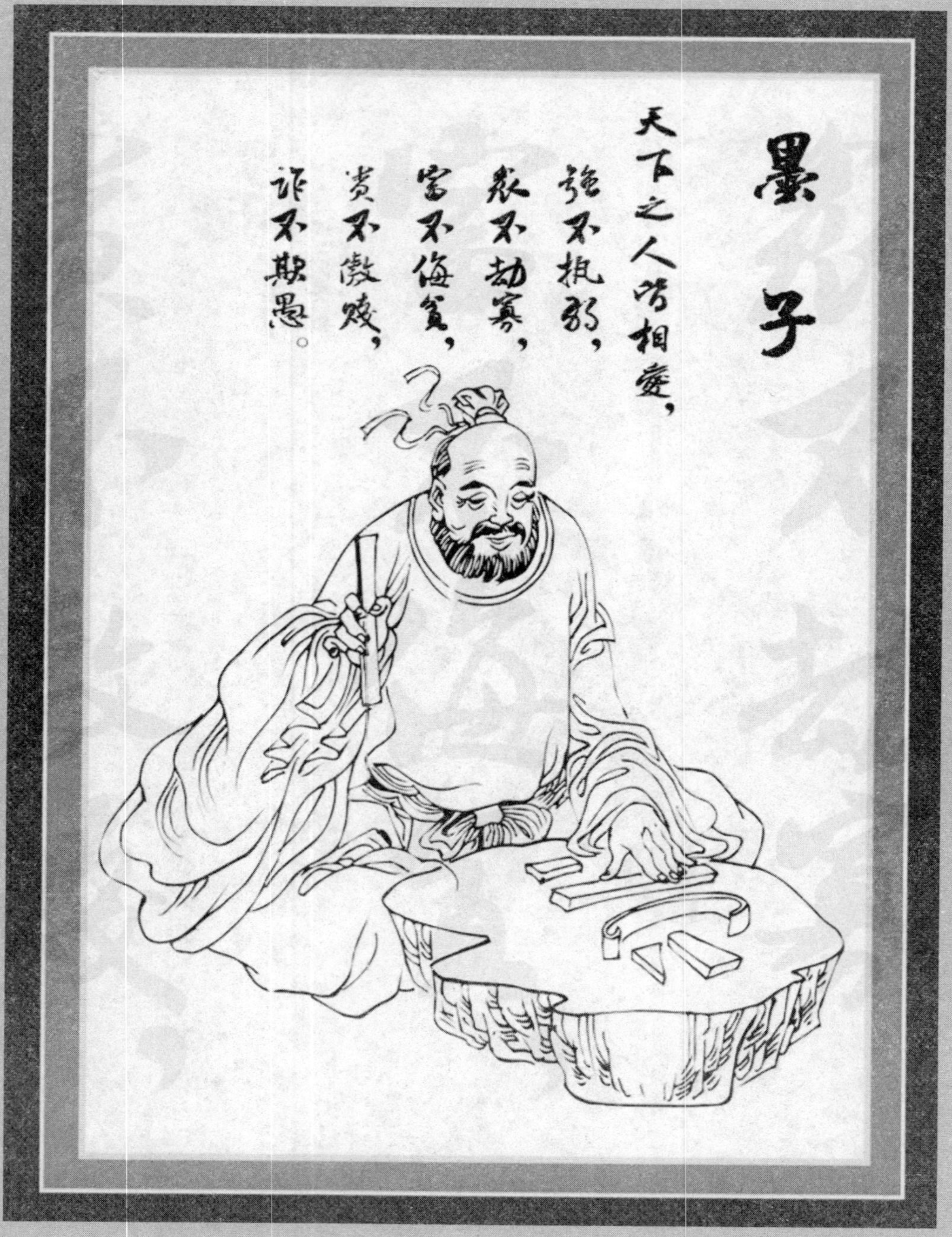
墨子
天下之人皆相愛，
強不執弱，
衆不劫寡，
富不侮貧，
貴不傲賤，
詐不欺愚。

03 力学研究奠根基，机械制造启后人（墨子•战国）

【生平简介】

姓名：墨翟。

别名：墨子。

出生地：今山东滕州境内。

生卒年：约公元前468—约前376年。

身份：思想家、教育家、科学家、墨家学派创始人。

主要成就：创立了以几何学、物理学、光学为突出成就的一整套科学理论，著有《墨子》。

【名家推介】

墨子（约公元前468—约前376），姓墨，名翟，战国时期著名思想家、政治家、军事家、社会活动家，墨家学派的创始人，也是先秦诸子中唯一的自然科学发明家。

他创立墨家学说，并有《墨子》一书传于后世。墨子的科学造诣之深，成就之大，在古代中国乃至世界无人匹敌。

【名家故事】

墨子出生在一个以木工为谋生手段的手工业者家庭，当时的社会是工匠处于官府的严格控制之下，隶属和服务于官府，社会地位十分低下，而当时的工匠是世袭的，因此墨子从小就承袭了木工制作技术。他的聪明巧思，使他成为一名高明的工匠师和杰出的机械制造家，为他后来的科学研究和社会活动奠定了良好的基础。他精通手工技艺，可与当时的巧匠鲁班相比。

墨子是中国历史上第一个从理性高度对待数学问题的科学家，他给出了一系列数学概念的命题和定义，这些命题和定义都具有高度的抽象性和严密性。墨子所给出的数学概念主要有：关于“倍”的定义、关于“平”的定义、关于“同长”的定义、关于“中”的定义、关于“圆”的定义、关于正方形的定义、关于直线的定义等。此外，墨子还对十进位制进行了论述。中国早在商代就已经比较普遍地应用了十进制记数法，墨子是对位制概念进行总结和阐述的第一个科学家。

墨子关于物理学的研究涉及力学、光学、声学等分支，给出了不少物理学概念的定义，并有不少重大的发现，总结出了一些重要的物理学定理。首先，墨子给出了力的定义，接着，墨子又给出了“动”与“止”的定义。他认为“动”是由于力推送的缘故，意思是物体运动的停止来自于阻力阻抗的作用，如果没有阻力的话，物体会永远运动下去。这样的观点，被认为是牛顿惯性定律的先驱，比同时代全世界的思想超出了一千多年，也是物理学诞生和发展的标志。关于杠杆定理，墨子也作出了精辟的表述。他指出，称重物时秤杆之所以会平衡，原因是“本”短“标”长。用现代的科学语言来说，“本”即为重臂，“标”即为力臂，写成力学公式就是力×力臂（“标”）＝重×重臂（“本”）。现在人们一般都习惯于把杠杆定理称为阿基米德定理，其实墨子得出杠杆定理比阿基米德早了二百年，应称之为墨子定理才是公允的。此外，墨子还对杠杆、斜面、重心、滚动摩擦等力学问题进行了一系列的研究。

在光学史上，墨子是第一个进行光学实验，并对几何光学进行系统研究的科学家。墨子首先探讨了光与影的关系，他细致地观察了运动物体影像的变化规律。也就是说，运动着的物体从表观看它的影也是随着物体在运动的，其实这是一种错觉。随之，墨子又探讨了物体的本影和副影的问题。接着，墨子又进行了小孔成像的实验，他明确指出，光是直线传播的，物体通过小孔所形成的像是倒像。特别可贵的是，墨子对平面镜、凹面镜、凸面镜等进行了相当系统的研究，得出了几何光学的一系列基本原理。他指出，平面镜所形成的是大小相同、远近对称的像，但却左右倒换。如果是两个或多个平面镜相向而照射，则会出现重复反射，形成无数的像。凹面镜形成的像是正像，在“中”之内，距“中”远成的像大，距“中”近成的像小，在“中”处则像与物一样大；在“中”之外，则形成的是倒像，近“中”像大，远“中”像小。凸面镜则只形成正像，近镜像大，远镜像小。这里的“中”为球面镜的球心，墨子虽尚未能区分球心与焦点的差别，把球心与焦点混淆在一起，但他的结论与近现代球面镜成像原理还是基本相符的。

墨子还对声音的传播进行过研究，发现井和罂（大腹小口的瓦器）有放大声音的作用，尽管当时墨子还不可能明了声音共振的机理，但这个事例却蕴涵有丰富的科学内涵。

墨子是一个精通机械制造的大家，在阻止楚国进攻宋国时与公输般进行的攻防演练中，已充分地体现了他在这方面的才能和造诣。他曾花费了三年的时间，精心研制出一种能够飞行的木鸟。他又是一个制造车辆的能手，可以在不到一日的时间内造出载重三十石的车子，他所造的车子运行迅速又省力，且经久耐用，为当时的人们所赞赏。

值得指出的是，墨子几乎谙熟了当时各种兵器、机械和工程建筑的制造技术，并有不少创造。在《墨子》一书中的“备城门”、“备水”、“备穴”、“备蛾“、“迎敌祠”、“杂守”等篇中，他详细地介绍和阐述了城门的悬门结构，城门和城内外各种防御设施的构造，弩、桔槔和各种攻守器械的制造工艺，以及水道和地道的构筑技术，他所论及的这些器械和设施，对后世的军事活动有着很大的影响。

【专家品析】

墨子本身不但是一位手艺高明的匠师，而且他还深入到科学领域，做了一系列的科学研究和科学实验工作，取得了许多重大的成就。

同时，墨子重视科学技术并不是为科学而科学，他把科学技术与自己的政治主张紧密地联系起来，用科技知识来充实和丰富自己的学说，并以此作为兴利除害的有力武器，为自己的政治主张服务。

【科学成就】

墨子在先秦时期创立了以几何学、物理学、光学为突出成就的一整套科学理论。墨子关于物理学的研究涉及了力学、光学、声学等分支，给出了不少物理学概念的定义，并有不少重大的发现，总结出了一些重要的物理学定理。墨子学说在当时影响很大，与儒家并称“显学”。

04 都江堰水利工程，泽后世万代彪炳（李冰·战国）

【生平简介】

姓名：李冰。

别名：川主。

出生地：战国时期蜀国。

生卒年：不详。

身份：科学家、水利专家。

主要成就：主持修建都江堰。

【名家推介】

李冰，生平年代不详，他是战国时期蜀国人，古代著名的水利学家，对天文地理也有研究。

秦昭襄王末年（约公元前256—前251），李冰做蜀地郡守，在今四川省都江堰市岷江出山口处，主持兴建了中国早期的世界闻名的灌溉工程都江堰，因而使川西平原富庶起来，后世才有了“天府之国”的美称。

【名家故事】

我国的四川省，一向有“天府之国”的美称，这与李冰父子率领民众修筑的伟大水利工程都江堰有着密切的关系。

两千多年前的战国时期，四川西部称为蜀国。当时那里水旱灾害连年发生，旱则赤地千里，涝则一片汪洋，使老百姓“家无隔夜粮，身无御寒衣”。公元前316年，日益强盛的秦国灭掉了蜀国，改为蜀郡，秦昭王在约公元前250年任命李冰为蜀郡守。

李冰到蜀郡后，亲眼见到当地严重的水旱灾情，又听到百姓要求治水的强烈呼声，认识到治蜀必治水，因此，李冰到任不久就着手进行大规模的治水工作。

岷江是长江上游的一条较大的支流，发源于四川北部高山地区，每当春夏山洪暴发的时候，江水奔腾而下，从灌县进入成都平原，由于河道狭窄，常常引发洪灾，洪水一退，又是沙石千里，而灌县岷江东岸的玉垒山又阻碍江水东流，造成东旱西涝。

首先，李冰父子邀集了许多有治水经验的农民，对地形和水情作了实地勘察，并在充分吸取前人治水经验的基础上，设计了修建都江堰水利工程的整体规划，其方法是将岷江水流分成两条，其中一条水流引入成都平原，这样既可以分洪减灾，又可以引水灌田、变害为利。主体工程包括鱼嘴分水堤、飞沙堰溢洪道和宝瓶口进水口。

引水必先开渠，开渠就要开山，李冰父子决心凿穿玉垒山引水。由于当时还未发明火药，李冰便以火烧石，使岩石爆裂，终于在玉垒山凿出了一个宽二十公尺、高四十公尺、长八十公尺的山口，因它的形状酷似瓶口，故取名为“宝瓶口”，把开凿玉垒山分离的石堆叫“离堆”。

玉垒山开凿成功了，人们欢欣鼓舞。等洪水到来时，成千上万的人跑到山顶上观望，李冰也在其中。他发现宝瓶口地势高，流入宝瓶口的水量不多，虽然起到了分流和灌溉的作用，但因江东地势较高，灌溉效果很不理想，于是李冰父子又率领民众在离玉垒山不远的岷江上游和江心筑分水堰，用装满卵石的大竹笼放在江心堆成一个形如鱼嘴的狭长的分水大堰。

在大堰东边水道的水，流经宝瓶口后，再分成许多大小沟渠、河道，组成一个纵横交错的扇形水网，灌溉成都平原的千里农田，最后通向长江的另一条支流沱江，人们称它为内江。大堰前端伸出一个尖头，指向岷江上游，远望好像一个大鱼头，取名为“鱼嘴”。大堰两侧垒砌了大卵石护堤，靠内江的一侧称为“内金刚堤”；靠外江的一侧称为“外金刚堤”。大堰筑成以后，从根本上消除了岷江流域的水旱灾害，这里的人们都可以安居乐业了。李冰给大堰起名叫“都安堰”，后来改称“都江堰”。

为了加强大堰的分洪减灾作用，李冰又指导民众在鱼嘴和离堆之间修建了“平水槽”和“飞沙堰”。平水槽是在鱼嘴的尾部和飞沙堰之间用以调节内、外江水量的一条水道。飞沙堰在宝瓶口对面，它是用竹笼装鹅卵石堆砌成的低堰，堰顶比堤岸低一些，高度适宜。洪水季节内江水量过大时，过剩的水可以漫过飞沙堰流到外江去，保障了内江灌溉区免遭水灾。

都江堰整个水利工程是由分水鱼嘴、宝瓶口和飞沙堰三个主要工程组成的。它的规模宏大、地点适宜、布局合理，工程规划相当完善。分水鱼嘴、飞沙堰和宝瓶口联合运用，能按着灌溉防洪的需要，分配洪水季节和枯水季节的水流量。李冰还让石匠做石人立在内、外江的进水口中，用来观测水位，石人是起着测水标尺的作用。

按现代水利工程的原理看，飞沙堰有滚水坝的作用，宝瓶口有节制闸的功能，成功地运用了堰流原理，控制分水流量，这是我国历史上第一次采用中流作堰的宏伟水利工程。

都江堰是把防洪与灌溉结合起来的综合性大型水利工程，李冰认为要彻底消除岷江的水患，还必须解决泥沙沉积淤塞河床的问题。于是又制定出科学的“深淘滩、低作堰”的岁修原则和岁修方法，人们称之为治水的三字经或六字诀，后人将这六字刻在为纪念李冰父子而建的二王庙的石壁上，很是醒目。

都江堰虽然修建于两千多年前，可是它的规划、设计和施工方法都具有高度的科学性和创造性，在中国古代许多宏伟的水利工程中首屈一指，在世界上也是罕见的奇迹。由此，可以看出李冰是我国古代一位掌握了丰富的科学知识，以科学的态度和方法，在实践中经过千辛万苦的努力而造福于人类的杰出的水利专家。

【专家品析】

李冰兴建的都江堰水利工程，历经两千两百多年而不衰，它是中国古代历史上最成功的水利杰作，与它兴建时间大致相同的古埃及和古巴比伦的灌溉系统，以及中国陕西的郑国渠和广西的灵渠，都因沧海变迁和时间的推移，或湮没、或失效，唯有都江堰独树一帜。

都江堰是全世界迄今为止仅存的一项伟大的“生态工程”，它开创了中国古代水利史上的新纪元，标志着中国水利史进入了一个新阶段，在世界水利史上占有重要地位。

【科学成就】

两千多年前，都江堰取得这样伟大的科学成就，世界绝无仅有，至今仍是世界水利工程的最佳作品。德国地理学家李希霍芬称赞“都江堰灌溉方法之完善，世界各地无与伦比”。

05 三统历谱世公认，周三径一成启蒙（刘歆·西汉）

【生平简介】

姓名：刘歆。

别名：刘秀。

出生地：沛（今江苏沛县）。

生卒年：约公元前50—23年。

身份：科学家、经学家、目录学家。

主要成就：编制《三统历谱》，著有《七略》。

【名家推介】

刘歆（约公元前50—23），字子骏，西汉末年人，西汉后期的著名学者、天文学家。他不仅在儒学上很有造诣，而且在目录校勘学、天文历法学、史学、诗歌等方面都堪称大家。

他编制的《三统历谱》被认为是世界上最早的天文年历的雏形。此外，他在圆周率的计算上也有贡献，他是第一个不沿用“周三径一”的中国人，并定圆周率这个重要常数为3.1547，只与后来的圆周率略偏差了0.0131。

【名家故事】

刘歆的生年，历史上没有明确记载。他是刘向的第三子，父亲刘向不但是西汉皇室宗亲而且还是当时的知名学者，博通经史，天文学方面也造诣很深，曾在朝廷中做过官。刘歆生长在这样一个学术气氛很浓的书香门第，很小的时候就开始读书，他非凡的才华逐渐显露了出来。少年时代，他已精通《诗经》、《尚书》等当时被认为是最古老、最经典的书籍。当时的西汉皇帝是成帝，他听说刘歆小小年纪就学识渊博，特意召见他，让他做黄门郎，这是刘歆走上天文学研究的第一步。

西汉河平年间，皇帝命令刘歆和他的父亲一同负责整理校订国家收藏的书籍，这使刘歆有机会接触到当时皇家的各种稀见之书。刘歆拥有这些皇室典藏，如饥似渴地钻研起来。建平元年，刘歆的父亲刘向去世，皇帝任命刘歆为中垒校尉，统领校书工作，以完成他父亲的未完成的事业。

汉成帝死后，汉哀帝继位，刘歆负责总校群书，在刘向撰的《别录》基础上，修订成为中国历史上第一部图书分类目录《七略》。自西汉晚期开始，古文经学的振兴是与刘歆的积极倡导分不开的。他在长期校理书籍的过程中，接触到大批外人无法看到的古文经籍，从而产生了浓厚的研究兴趣，并做出了空前的成绩。具体说来，有以下几点。

第一，重新排列了六艺的次序，把《易》经提到首要的地位；第二，首次披露了《古文尚书》和《逸礼》的来历，将秘藏的古文经本传出内朝，使更多的士人有机会学习；第三，首次把《毛诗》归于古文经典。

汉哀帝后期，西汉王朝的统治权逐渐落入外戚王莽手中。刘歆曾与王莽共过事，二人关系十分密切。王莽推举他做了侍中太中大夫，此后又逐渐升为骑都尉奉车光禄大夫，成为显赫的人物。后来因为和朝中官员政见不合，请求外任。汉哀帝死后，王莽便任命刘歆为右曹太中大夫，很快又提升为羲和京兆尹，并封为天文官，专门从事天文的研究工作。

刘歆任天文官时，做了一项很重要的天文工作，这就是编制了三统历，他对天文学的贡献都记载在三统历之中。三统历是根据太初历改编的，其中加入了许多新的内容。太初历是汉初天文学家邓平、落下闳等人编制的，从太初元年一直使用到西汉末年。刘歆系统地叙述了太初历的内容，又补充了很多原来简略的天文学知识，并仔细分析考证了上古以来的天文文献和天文记录，写成了《三统历谱》。《三统历谱》是我国古代流传下来的一部完整的天文学著作，它的内容有编制历法的理论，有节气、朔望、月食以及五星等的常数和位置的推算方法，还有基本的恒星位置数据。可以说，它包含了现代天文年历的基本内容，因而《三统历谱》被认为是世界上最早的天文年历的雏形。

三统历在中国天文学史上，首次提出了岁星超辰的计算方法。我国在春秋时代已经发现了岁星超辰问题，但是没有提出超辰计算法。刘歆分析了《左传》等史书中关于岁星位置的记载，提出了岁星每一百四十四年超辰一次，数值虽然并不准确，但这是历史上第一个用科学的态度探索岁星超辰规律的十分宝贵的尝试，为在思想上实现天文学从神学向科学的伟大转变奠定了坚实的基础。

刘歆还是中国古代第一个提出接近正确的交食周期的天文学家。交食包括日食和月食。交食周期的最早记载，是在司马迁的《史记》中，但由于可能是某些数字的错乱，现在很难确定它的周期值。刘歆坚信日月食都是有规律可循的自然现象，他通过分析各种书上的月食记载，提出了一百三十五个朔望月有二十三次交食的交食周期值。

刘歆还在《三统历谱》中对上古年代做了排比，引经据典，数值虽然不太精密，但这种方法是他的独创。此外，他在圆周率的计算上也有贡献，他是第一个不沿用“周三径一”的中国人，并定该重要常数为3.1547，只略为偏差了0.0131。刘歆除了对天文学有重大贡献外，对于中国古代书籍的分类整理和史学研究都是功不可没的。

刘歆的著作大多已亡散，他的《移让太常博士书》今保存在《汉书·刘歆传》中；《七略》基本保存在《汉书·艺文志》中；《三统历谱》在《汉书·律历志》中也尚存梗概。此外如《尔雅注》、《钟律书》等均佚。

【专家品析】

刘歆在刘向编纂《别录》的基础上进一步加工，编成的《七略》，是中国第一部图书分类目录，是具有学术史价值的著作。《七略》对每种每类都加小序，说明其学术源流、类别含义等，成为中国目录书的典范。还著有《三统历谱》，造有圆柱形的标准量器，根据量器的铭文计算，所用圆周率是3.1547，世称“刘歆率”。

章太炎说：“孔子以后的最大人物是刘歆。”刘歆也堪称为“学术界的大伟人”，刘歆的卓越学识确实是为古今学者所赞誉的，后人将他称为“古学鼻祖”。

【科学成就】

1. 完成了大规模图书整理编目工作，创造出一整套科学的方法，并建立了第一个国家图书馆，使一批先秦经书免于流失，校勘、辨伪、考据图书等学问从此开始产生。

2. 天文上的成就是编制了《三统历谱》并首次提出了岁星超辰的计算方法。

张衡
不患位之不善
而患德之不崇
不耻禄之不伙
而耻智之不博

06 古代科学一巨子，世上难寻第二人（张衡·东汉）

【生平简介】

姓名：张衡。

字：平子。

出生地：河南南阳。

生卒年：78—139年。

身份：科学家、文学家。

主要成就：著《灵宪》、发明地动仪、浑天仪。

【名家推介】

张衡（78—139），字平子，汉族，南阳西鄂（今河南南阳市石桥镇）人，我国东汉时期伟大的天文学家、数学家、发明家、地理学家、制图学家、文学家。

他官至尚书，为我国天文学、机械技术、地震学的发展做出了不可磨灭的贡献。由于他在天文学的杰出贡献，联合国天文组织将太阳系中的一千八百零二号小行星命名为“张衡星”。

【名家故事】

少年时代的张衡，非常喜爱读书，凡是能够到手的书籍，不论是经书，还是文史、自然科学方面的图书，无不细细研读。除了读书，这个沉稳的孩子还有一个特殊的爱好——观察星空。每当夜幕降临、万籁俱寂之时，小张衡常坐在院里，痴痴地抬头仰望天空，一动不动。

时光荏苒，在浩瀚的书海和有趣的观察实验之中，张衡不知不觉度过了他的少年时代。17岁的张衡，身材挺拔，面目清秀，加之满腹才学，俨然是一个风度翩翩的英俊才子，在四里八乡享有很高的声誉。这个沉默寡言的年轻人，梦寐以求的是“读万卷书，行万里路”，增广见闻，扩大知识范围。所以，他毫不犹豫地拒绝了官员举荐他为秀才的好意，离开生活的故乡，踏上了外出游历的旅途。

公元95年，张衡来到京都洛阳。他一面到当时的最高学府——太学里听讲，向一些有名望的学者请教，一面以文会友，结识了许多志向远大、学识渊博的年轻学子。他们研究数学、天文、历法等，每每有自己独到的见解，令一些老前辈自愧不如。

公元111年，汉安帝向天下广招人才。在京城任职的鲍德，向朝廷举荐了张衡，张衡再三推辞，无奈他“通五经、贯六艺”的大名早已为汉安帝所知。安帝便亲自颁旨，任命张衡为太史令，主管天文历法，预报天象气候。

关于天体，当时人们还停留在初步认识的阶段，最流行的观点有二：其一“盖天说”的人认为，大地是平的，天像一只巨大的碗，反扣在大地上面；其二“浑天说”的人却主张，大地就好比是蛋黄，天像蛋壳似的包在地的外面。张衡是坚定的“浑天说”派，为进一步证实自己的观点，他利用职务带来的得天独厚的研究条件，决定制造一个天体模型，把天地的构造以及日月星辰的运行情况，都用仪器显示出来，这样，就能直观而形象地说明那些复杂的天文现象了。

在张衡的带领下，下属们把天上的星星分成几个区，一颗一颗地数，就这样，他们硬是数出了二千五百颗星星，在观测过程中，张衡对照实际，对天球图做了反复的修改，直到认为准确无误了，这才动手设计制造天体模型。

转眼间一年过去了，这一年中张衡没日没夜地设计、制作、实验、改进。功夫不负有心人，天体模型终于制造出来了：那是一个铜铸的球体，装在一个倾斜的轴上，可以旋转，样子和今天的地球仪大致相仿，球面上刻着南北两极、经度纬度、赤道黄道及日月星辰，还有一个表示地平线的环。如果把铜球由西向东拨动一下，刻在上面的星辰便从东方升起，又从西边落下，和实际情形相差无几。张衡立刻叫人把浑天仪安装在灵台的一间房屋里，又在屋顶安放了一只特大的漏壶（古代计时的工具）。这漏壶的壶嘴，是一条精雕细刻的玉龙，龙嘴里不断往外喷水，水冲动水轮，水轮带动齿轮，齿轮又连着浑天仪上的铜轴，这样，浑天仪就可以自动旋转了。由于水流量计算得非常精确，所以浑天仪正好一昼夜转一圈。这个天体模型，被张衡命名为“浑天仪”，它是世界上第一台能够比较准确地反映天象的仪器。

浑天仪的发明，不仅相当准确地反映了天象，使坚持“盖天论”的人改变了主张，心悦诚服，而且震动了整个学术界，被誉为“学术上罕见的奇迹”。

成功往往特别垂青那些在科学的崎岖小路上不畏险阻、勇于攀登的人。就在张衡“浑天仪”研制成功一年后，一次地震又将张衡推向了科学的高峰。在严峻的震灾面前，张衡深深地思索着：既然造成地震的原因暂时还摸不透，那么能不能制造出一种能够预报地震的仪器，那至少也会使人们避免更大的伤亡。

又是无数个忙碌的日日夜夜，张衡被这个世上从未有过的地震仪器迷得废寝忘食，终于在公元132年，他54岁的时候，造成了世界上第一台能测报地震的地动仪。

公元138年的一天，灵台的值班员忽闻地动仪“当”地响了一声，忙跑过去一看，原来是西北方向的那条龙头吐出铜丸，落在蟾蜍口中。过了几天，就在众官员还在大肆挖苦张衡和他的地动仪时，信使飞马赶到朝廷，报告说陇西地区前几日发生强烈地震。陇西正好位于洛阳西北，相距千余里，地动仪能精确灵敏地预报那里的地震，真令人不得不叹服。

为科学事业奋斗终身的张衡，晚年心力交瘁，体弱多病。公元139年，这位人类史上罕见的伟大科学家终于永远地离开了他魂萦梦绕的事业，终年62岁。

【专家品析】

一个人的一生，能创造出世界上第一台浑天仪、第一台地动仪，仅这两个“世界第一”就足以使他名垂科学史册。然而张衡一生的贡献还远远不止于此，在数学领域，在文学领域，以至在艺术领域，无不留下了他闪光的业绩，这不仅是张衡光辉人格的真实写照，也是后来者勉励自己奋发成才的座右铭。

英国科学史家李约瑟感慨地说：“中国的这些发明和发现往往远远超过同时代的欧洲，特别是在15世纪之前更是如此。”

【科学成就】

张衡的成就涉及天文学、地震学、机械技术、数学乃至文学艺术等许多领域。张衡在天文学方面有两项最重要的工作，著《灵宪》和制作浑天仪。《灵宪》是张衡有关天文学的一篇代表作，全面体现了张衡在天文学上的成就和造诣。

07 伤寒杂病论著传，六经辨证治疗源（张仲景·东汉）

【生平简介】

姓名：张仲景。

别名：张机。

出生地：南阳郡涅阳。

生卒年：约150年或154—约215年或219年。

身份：医学家。

主要成就：写出传世巨著《伤寒杂病论》。

【名家推介】

张仲景（约150或154—约215或219），汉族，河南南阳人，东汉末年著名医学家，被称为“医圣”。

张仲景广泛收集医方，写出了传世巨著《伤寒杂病论》。《伤寒杂病论》是中国第一部从理论到实践、确立辨证论治法则的医学专著，是中国医学史上影响最大的著作之一，是后代学者研习中医必备的经典著作，广泛受到医学生和临床大夫的重视。

【名家故事】

张仲景出生在没落的官僚家庭，父亲张宗汉是个读书人，在朝廷做官。家庭的特殊条件，使他从小有机会接触到许多典籍。汉桓帝延熹四年，他十岁左右时，就拜同郡名医张伯祖为师，开始学习医术。在学习中，张仲景博览医书，广泛吸收各医家的经验用于临床诊断，进步很大，很快便成了一个有名气的医生，以至“青出于蓝而胜于蓝”，超过了他的老师。

现在中医看病，都非常重视“辨证施治”。但在张仲景之前，尚未形成系统完整的一套临床方法。有一次，两个病人同时来找张仲景看病，都说头痛、发烧、咳嗽、鼻塞。经过询问，原来二人都淋了一场大雨。张仲景给他们切了脉，确诊为感冒，并给他们各开了剂量相同的麻黄汤，发汗解热。第二天，一个病人的家属早早就跑来找张仲景，说病人服了药以后，出了一身大汗，但头痛得比昨天更厉害了。张仲景听后很纳闷儿，以为自己诊断出了差错，赶紧跑到另一个病人家里去探望。病人说服了药后出了一身汗，病好了一大半。张仲景更觉得奇怪，为什么同样的病，服相同的药，疗效却不一样？他仔细回忆昨天诊治时的情景，猛然想起在给第一个病人切脉时，病人手腕上有汗，脉也较弱，而第二个病人手腕上却无汗，他在诊断时忽略了这些差异。

病人本来就有汗，再服下发汗的药，不就更加虚弱了吗？这样不但治不好病，反而会使病情加重，于是他立即改变治疗方法，给病人重新开方抓药，结果病人的病情很快便好转了。

这件事给他留下了深刻的教训，同样是感冒，表症不同，治疗方法也不应相同。他认为辩证施治是关键，简单说：首先要运用各种诊断方法，辨别各种不同的症状，对病人的生理特点以及时令节气、地区环境、生活习俗等因素进行综合分析，研究致病的原因，然后确定恰当的治疗方法。张仲景把自己积累的经验教训进行了科学的总结，逐渐形成了比较完善的中医看病体系。

尽管张仲景从小就厌恶官场，轻视仕途，但由于他父亲曾在朝廷做过官，对参加科举考试以谋得一官半职很是看重，就要张仲景参加考试。古时的人以不忠不孝为最大耻辱，尽管张仲景很不情愿，但也不愿违背父命，落一个不孝之子的名声。因此在汉灵帝时，他参加了考试并且中了“举人”。建安年间，被朝廷派到长沙做太守，但他仍用自己的医术，为百姓解除病痛。

在封建时代，做官的不能随便进入民宅，接近百姓，可是不接触百姓，就不能为他们治疗，自己的医术也就不能长进。于是张仲景想了一个办法，选择每月初一和十五两天，大开衙门，不问政事，让有病的百姓进来，他端端正正地坐在大堂上，挨个地仔细为群众诊治。他让衙役贴出安民告示，告诉老百姓这一消息。他的举动在当地产生了强烈的震动，老百姓无不拍手称快，对张仲景更加拥戴。时间久了便形成了惯例。每逢农历初一和十五的日子，他的衙门前便聚集了来自各方求医看病的百姓，甚至有些人带着行李远道而来。后来人们就把坐在药铺里给人看病的医生，通称为"坐堂医生"，用来纪念张仲景。

建安年间，瘟疫大流行，前后达五次之多，使很多人丧生，一些市镇变成了空城，其中尤以死于伤寒病的人最多。张仲景非常痛心，决心要控制瘟疫的流行，根治伤寒病。从此他刻苦研读《素问》、《灵枢》、《八十一难》、《阴阳大论》、《胎胪药录》等古代医书，继承《内经》等古典医籍的基本理论，广泛借鉴其他医家的治疗方法，结合个人临床诊断经验，研究治疗伤寒杂病的方法，并于建安十年开始着手撰写《伤寒杂病论》。到建安十五年，终于写成了划时代的临床医学名著——《伤寒杂病论》，共十六卷。经后人整理成为《伤寒论》和《金匮要略》两本书。《伤寒杂病论》系统地概括了"辨证施治"的理论，为我国中医病因学说和方剂学说的发展做出了重要贡献。后来该书被奉为"方书之祖"，张仲景也被誉为"经方大师"。

张仲景写成该书后仍专心研究医学，直到与世长辞。晋武帝司马炎统一天下后的公元285年，张仲景的遗体才被后人运回故乡安葬，并在南阳修建了医圣祠和仲景墓。

【专家品析】

张仲景是中医界的一位奇才，《伤寒杂病论》是一部奇书，它确立了中医学重要的理论支柱之一——辨证论治的思想，这种"透过现象看本质”的诊断方法，就是他著名的“辨证施治”理论，在中医学发展过程中，实属“点睛之笔”。这部巨著的问世，奠定了后世中药临床学的理论基础。

【科学成就】

《伤寒杂病论》确立的辨证论治原则，是中医临床的基本原则，是中医的灵魂所在。在方剂学方面，《伤寒杂病论》也做出了巨大贡献，创造了很多药方。他所确立的六经辨证的治疗原则，受到历代医学家的推崇。这是中国第一部从理论到实践、确立辨证论治法则的医学专著，是中国医学史上影响最大的著作之一，是后代学者研习中医必备的经典著作。

08 人类发明进步史，影响世界进程人（蔡伦·东汉）

【生平简介】

姓名：蔡伦。

字：敬仲。

出生地：东汉桂阳郡宋阳。

生卒年：61—121年。

身份：科学家、发明家。

主要成就：造纸工艺的完善及推广。

【名家推介】

蔡伦（61—121），字敬仲，汉族，东汉桂阳郡人。汉和帝时，蔡伦入宫做皇帝的侍从，后来升任“尚方令”，负责管理皇室工厂。蔡伦在总结前人经验的基础上，在洛阳发明了用树皮、破鱼网、破布、麻头等作原料，适合书写的植物纤维纸。

蔡伦是中国“四大发明”中造纸术的改进者，“影响人类历史进程的一百名人”、“人类有史以来最佳发明家”之一。

【名家故事】

很久很久以前，我们的祖先是把字写在竹片上，叫做竹简，再用皮带或绳子把一片片竹简编串起来，就像竹帘子一样，就成了册，相当于现在的书。因为一片片的竹简写不了多少字，所以现在的几页书，那时候就是重重的一大捆。而古人的一部书，总要编很多册，小孩子如果带一部书上学堂，很有可能要拿大篓子来当书包。竹简不仅太重，太占地方，而且字容易抹掉、生虫，不管怎么处理，也改进不了多少。因此书一直是困扰读书人的最大问题，值得庆幸的是这个难题历经几千年后终于被一个人解决了，这个人就是造纸术的发明者蔡伦。

东汉永平四年，蔡伦出生在桂阳郡宋阳一个普通农民家庭，他自小聪明伶俐，讨人喜欢。汉章帝刘炟继位后，常到各郡县挑选幼童入宫。永乐十八年，蔡伦被选入洛阳宫内为太监，当时他约十五岁。他读书识字，成绩优异，于建初元年任小黄门官。后来得到汉和帝信任，被提升为中常侍，参与国家的机密大事。他还做过管理宫廷用品的官尚方令，监督工匠为皇室制造宝剑和其他各种器械，因而经常和工匠们接触，劳动人民的精湛技术和创造精神，给了他很大的影响。

蔡伦那个年代，人们已经学会了养蚕取丝，他们把煮好的蚕茧用棍子敲烂，铺在席子上，就成了丝绵。人们把丝绵取下后，将留在席子上的一层薄薄的纤维晒干，就成了纸。有人发现丝纸可以书写文字，用起来比竹简方便多了。但这种丝纸还不能算是真正的纸，而且这种纸的原材料是丝，产量少，价钱昂贵，一般人用不起，所以那时候读书写字实在好苦。

蔡伦学问很高，在皇宫里做官，经常用到纸，日子久了，蔡伦觉得丝纸的用量太大，花费太多，心里很烦恼。

有一天，宫廷里来了一位新的工匠，叫黄昌，是从出产蚕丝的江南来的。蔡伦找到他，说："我一直想知道，丝纸是怎样做出来的？能不能请你把详细的方法告诉我？"黄昌便一五一十地告诉他，从此，蔡伦就天天动脑筋想有没有其他便宜的东西来代替丝做纸。

一天，蔡伦把黄昌叫来问他："丝纸是做丝绵剩下的纤维吗？"黄昌说："是一层很薄的纤维。"蔡伦说："如果我们用其他有纤维的东西来代替丝，是不是也可以做出纸呢？"于是，他们开始了实验。蔡伦找来树皮、麻叶，全部放到大锅中，加上水煮，黄昌还抱来了破布、破鱼网放入锅中，蔡伦说："好啊，只要有纤维的东西，我们都可以试试。"等到锅中的水沸腾，两个人就合力把乱七八糟的东西到入大石臼，再用木棒"笃笃"地捣了起来。等石臼中的所有东西都被捣烂混合成浆状，黄昌便用漂白剂漂白，然后把浆平铺在席子上，铺得又薄又平又均匀，最后把它撕下来，高兴地大叫："这的确是张完整的纸啊！"蔡伦在纸上写上字看效果，兴奋地说："成功了，这张纸比原来的丝纸吸墨快，而且不容易散开，这才能算是真正的纸啊！"

蔡伦造纸成功后，全国各地开始大量制造、使用这种纸。麻纸和皮纸是汉代以来一千二百年间中国纸的两大支柱，中国文化依赖两大纸种的供应而得以迅速发展。从此以后，各地开始普及这种纸，基本取代了落后的简帛而成了中国唯一的书写材料，有力地推进了中国科学文化的传播和发展。直到现在，我们使用的宣纸、绵纸还沿用着当初蔡伦造纸的方法，只是现在用的材料已经变成了竹子、木材等。

元初元年，蔡伦负责监典校订经书，校订完成后要将所抄副本颁发给各个地方官，从而形成了大规模用纸抄写儒家经典的高潮，使纸本书籍成为传播文化最得力的工具。因此可以说蔡伦对造纸术的改革和推广、传播、普及都有一定的贡献。中国造纸技术起始于西汉，在东汉时期进行改进推广，蔡伦是这个历史阶段促进造纸术发展的核心人物，被称为技术革新者、组织者、倡导者和推广者，其历史地位应予肯定。蔡伦被史学家称为中国古代科学家。

【专家品析】

正如英国科学家弗兰西斯·培根在评价我国四大发明时所说："它们改变了世界上事物的全部面貌和状态，又从而产生了无数的变化；没有一个帝国，没有一个宗教，没有一个显赫的人物，对人类事业曾经比这些机械的发现施展过更大的威力和影响。"蔡伦就是这样为世界文明便捷地传播起到了不可磨灭作用的人物。

【科学成就】

蔡伦最突出的贡献还是在造纸方面，第一，组织并推广了高级麻纸的生产和精工细作，促进了造纸术的发展。第二，促进皮纸生产在东汉创始并发展兴旺。第三，受命监典内廷所藏经传的校订和抄写工作而形成了大规模用纸高潮，使纸本书籍成为传播文化的最有力工具。

四大發明——造紙術

蔡伦

09 九章算术注理论，人类数学开端人（刘徽·三国）

【生平简介】

姓名：刘徽。

出生地：山东临淄。

生卒年：约225—295年。

身份：科学家。

主要成就：著有《九章算术注》。

【名家推介】

刘徽（约225—295），汉族，山东临淄人，魏晋时期伟大的数学家，中国古典数学理论的奠基者之一。

他编撰《九章算术注》，全面证明了《九章算术》的方法和公式，指出并纠正了以往数学史上的若干错误，在数学方法和数学理论上做出了杰出的贡献，他也是中国明确主张用逻辑推理的方式来论证数学命题的第一人。

【名家故事】

在初中代数里，你肯定学过负数概念和正负数加减法的法则，并且你的计算可能相当熟练。然而，你是否知道，世界上是谁最早提出了负数概念和正负数的加减法法则？

在初中你应该也学过解一元一次方程、一元二次方程、二元一次方程组、三元一次方程组等，各种类型的方程问题，名目繁多。但你可知道，“方程”这个名词究竟是怎么来的？是谁在世界上最早提出了一次方程的定义和完整的解法？

早在两千多年以前，我国古代数学家就引进了负数概念和负数加减法法则。负数出现在各项系数及常数项中，这是第一次突破正数的范围。这在世界数学史上也是领先的。我国古代数学家对负数的引进，有力地扩大了数的领域，是人类对数的认识过程中迈出的重要一步，这是中国古代数学家的一项杰出贡献。关于方程组的解法，也是我国古代数学最早提出的。比西方要早一千五百年，同样居世界领先地位。

除此之外，还有很多数学问题的研究成果我国古代要比西方国家早几百年，并一直处于领先地位。我国古代数学家刘徽注释的《九章算术》便是当时的代表性著作。刘徽是魏晋时期一位杰出的数学家，是我国古代数学理论的奠基人。他主要生活在三国时代的魏国，曾从事过度量衡考校工作，研究过天文历法，还进行过野外测量，但他主要还是进行数学研究工作。他反复地学习和研究了《九章算术》。263年，也就是距今一千七百多年前的时候，他就全面系统地为《九章算术》注释了十卷。在刘徽的注解中，包含了他的许多天才性创见和补充，这是他一生中取得的最大的功绩。

《九章算术》是我国算经十书中最重要的一部，也是我国流传最早的数学著作之一。它不是一个人独立完成的作品，也不是在同一个时代里完成的。它系统地归纳了战国、秦、汉封建制从创立到巩固这一段时期内的数学成就，现在流传的《九章算术》是刘徽的注释本。

《九章算术》是以应用问题的形式表达出来的，一共收录了二百四十六个问题，按数学性质不同共分为九章。

刘徽为《九章算术》作注释，不是简单的对一部古老数学专著的注解，而是把他自己的许多研究成果充实到了里边。他经过多年刻苦钻研，对《九章算术》中一些不完整的公式和定理作出了逻辑证明，对一些不是很明确的概念提出了确切而又严格的定义，他使中国古代的一部数学遗产变得更充实、完整了。

刘徽对圆周率π进行了研究。他否定古人在《九章算术》中把圆周率π取作3的做法。他认为：用3表示π的值是极不精确的。“周三径一”仅是圆内接六边形的周长与圆径之比。他经过多年苦心钻研，创造出了科学的方法——割圆术。是以一尺（33厘米）为半径作圆，然后作这个圆的内接正六边形，逐倍增加边数，计算出正十二边形，正二十四边形，正四十八边形，正九十六边形，一直算到正一百九十二边形的面积，求出圆周率π等于3.141024，相当于3.14。后来人们为纪念刘徽的成就称此率为“徽率”。刘徽这种让内接正多边形边数逐倍增加，边数越多，就越和圆周贴近的思想，在当时条件下是非常不简单的。显然他当时已有了“极限”的思想。这种思想方法是后来的数学家发现数学规律后，而经常采用的方法。

刘徽具有高度的抽象概括能力。他善于在深入实践的基础上精练出一般的数学原理，并解决了许多重大的理论性问题。后人把刘徽的数学成就集中起来，认为他为我国古代数学在世界上取得了十个领先，分别是：最早提出了分数除法法则；最早给出最小公倍数的严格定义；最早应用小数；最早提出非平方数开方的近似值公式；最早提出负数的定义及加法法则；最早把比例和“三数法则”结合起来；最早提出一次方程的定义及完整解法；最早创造出割圆术，计算出圆周率即“徽率”；最早用无穷分割法证明了圆锥体的体积公式；最早创造“重差术”，解决了可望而不可即目标的测量问题。

【专家品析】

刘徽所编撰《九章算术注》一书，不仅在中国数学史上占有重要地位，对世界数学的发展也有着重要的贡献。分数理论及其完整的算法、比例和比例分配算法、面积和体积算法、以及各类应用问题的解法，在书中已有了相当详备的叙述。而少广、盈不足、方程、勾股等章中的开立方法、盈不足术、正负数概念、线性联立方程组解法、整数勾股弦的一般公式等内容都是世界数学史上的卓越成就。

刘徽的工作，不仅对中国古代数学发展产生了深远影响，而且在世界数学史上也确立了崇高的历史地位。鉴于刘徽的巨大贡献，不少书上把他称作“中国数学史上的牛顿”。

【科学成就】

刘徽的数学成就大致为两方面：

1．清理中国古代数学体系并奠定了它的理论基础：阐述了通分、约分、四则运算，以及繁分数化简等的运算法则；建立了数与式运算的统一的理论基础；“割圆术”的极限方法提出了刘徽原理，并解决了多种几何形和几何体的面积、体积计算问题。

2．在继承的基础上提出了自己的创见：用割圆术证明了圆面积的精确公式，并给出了计算圆周率的科学方法；他在用无限分割的方法计算锥体体积时，提出了关于多面体体积的计算原理。

⑩ 外科鼻祖麻沸散，养生医疗五禽戏（华佗•三国）

【生平简介】

姓名：华佗。

字：元化。

出生地：沛国谯（今安徽省亳州市谯城区）。

生卒年：约145—208年。

身份：科学家。

主要成就：著《青囊经》，创“麻沸散”。

【名家推介】

华佗（约145—208），三国著名医学家，字元化，汉族，沛国谯（今安徽省亳州市谯城区）人。

他精通内、妇、儿、针灸各科，外科尤为擅长，行医足迹遍及安徽、山东、河南、江苏等地。他曾用“麻沸散”使病人麻醉后施行剖腹手术，是世界医学史上应用全身麻醉进行手术治疗的最早记载。

【名家故事】

华佗生于我国东汉末年，他热爱医学，从小就钻研医术，立志要做一名为人排忧解难的医生，经过数十年的医疗实践，华佗的医术已达到炉火纯青的地步。他熟练地掌握了养生、方药、针灸和手术等治疗手段，精通内、外、妇、儿各科，临证施治，诊断精确，方法简捷，疗效神速，被当世誉为“神医”。

有一次在行路途中，华佗见一群人围在路旁，他走近一看，原来是一名车夫倒在地上。只见车夫面色蜡黄，两脚蜷曲，双手捂肚，不住地发出难以忍受的痛苦声音。华佗见状，立即放下药箱，蹲在地上为病人检查。过了一会儿，华佗转身对围观的人们说：“他这是患了肠痈（阑尾炎），如果早些治疗，针灸就可以了。”“难道他现在不行了？”周围的人急切地问。华佗笑着摇了摇头说：“别急，别急，这点小病算不了什么。不过，我需要将他的肠子取出来治疗。”听说剖腹取肠，有的人吓得伸了伸舌头，还有的人情不自禁地倒吸了一口凉气。因为他们想象不出剖腹将有多么疼痛。华佗坦然地取出一包药末，叫人取些酒来，给病人冲服下。不一会儿，病人安静下来，又过了一会儿，病人竟酣然大睡进入了梦乡。华佗让人把他抬到附近的一个房子里，用手术刀，将车夫的肚皮划开，取出病人的肠子，切掉溃烂的那一段，缝合以后，敷上生肌的药膏。这一切工作完成以后，病人睡醒过来，睁开双眼，惊奇地发现自己的肚子不再疼了。当他得知刚才发生的一切时，感激地拉着华佗的手连声说道：“您救了我的命，我真不知如何感谢您才好。”旁人问华佗在手术前给病人吃了什么，使他在整个手术过程中没有疼痛感觉。华佗笑着从箱里拿出一些粉末，说：“就是它，叫做‘麻沸散’。吃了它，任凭你做什么手术也不会感觉疼痛。”

几天以后，车夫的病完全好了，又和其他的人一样出现在大路上。华佗医术高明的消息不胫而走，“麻沸散”的神效功能也随着华佗的名字传遍了千家万户。

麻沸散是华佗制造的一种很有效的麻醉药，这种药如果和酒一起服用，则效力更大，能起到全身麻醉的效果。而现代医学上采用的麻醉药剂，仅仅有一百多年的历史。我国神医华佗使用麻沸散为病人做手术，至少比西方早一千六百年。但可惜此方失传，幸有史书记载了这一奇迹。可见，麻沸散的发明及其使用，不能不说是世界医学史上的一个奇迹。

华佗相信人的生命不在于天，而是在于运动。因此，他一直想找出一个办法来，使人能够延年益寿。华佗发现动物们都很强壮，那么人是不是也可以呢？于是他潜心钻研野兽的动作特点，然后根据医书上的穴脉原理，创造了一套医疗体操，称作“五禽戏”。五禽戏就是要求人们模仿虎、鹿、熊、猿、鸟做出各种动作，以促进血液循环，使全身关节和肌肉都能得到舒展，以达到增强体质、预防疾病的目的。这是对人类健康事业的一大贡献。他提出的“生命在于运动”的思想，至今仍对人类的保健起着积极的指导作用。

可惜的是，当华佗行医到魏国给当时挟天子以令诸侯的曹操治疗好头疼病后，曹操就想把他留在自己的身边，并许以高官厚禄。但华佗拒绝了曹操的要求，为了脱身，他谎称自己的妻子病了。这一方法果然奏效，曹操放他回家照看妻子，要他妻子的病好以后立即返回，谁知华佗又云游四方，为百姓行医看病去了。

曹操气冲冲地派人把华佗抓了回来，此时，曹操的头疼病又复发了，他让华佗给他看病。华佗放心不下他的病人，请求给曹操治完病后立即放他回去，曹操没有答应。华佗一气之下拒绝给曹操针灸，曹操用死要挟他。华佗毫无惧色，大义凛然。曹操没有办法，将他打入了死牢，华佗知道自己在劫难逃，就托人拿来笔砚，把自己多年来行医看病的心得体会写了几本书，在临刑的前一天送给了狱卒，托他把这些宝贵的经验传下去，为百姓免除病忧。谁知狱卒胆小怕事，不敢接受华佗的医书。无奈之下华佗只好眼含热泪，将这些材料扔在火中烧掉。第二天，曹操派人杀了华佗。一代名医就这样告别了人间。

【专家品析】

华佗是我国医学史上为数不多的杰出外科医生之一，他善用麻醉、针灸等方法，并对开胸破腹的外科手术有独特的造诣。

华佗高明之处，就是能批判地继承前人的学术成果，在总结前人经验的基础上，创立新的学说。虽然华佗的医书据说被全部焚毁，但他的学术思想却并未完全消亡，尤其是在中药研究方面，除麻沸散这样的著名方剂外，后世医书中所记载的华佗方剂都很著名。

【科学成就】

华佗医术全面，尤其擅长外科，精于手术，被后人称为“外科圣手”、“外科鼻祖”。又模仿虎、鹿、熊、猿、鸟等禽兽的动态创作名为“五禽之戏”的体操，教导人们强身健体。所著医书《青囊经》已流失。

神醫華佗

⑪ 制图类科学之父，泽古今璀璨明星（裴秀·西晋）

【生平简介】

姓名：裴秀。

字：季彦。

生卒年：223—271年。

身份：科学家。

主要成就：绘制《禹贡地域图》。

【名家推介】

裴秀（224—271）字季彦，魏晋期间河东闻喜（今山西闻喜县）人，西晋大臣、学者。历任三国时期魏国散骑常侍、尚书仆射，晋光禄大夫、司空等官职。

他绘制了《禹贡地域图》，开创我国古代地图绘制学的先河，被后世称为“中国科学制图学之父”。

【名家故事】

裴秀年轻时候就才华出众，很受人们的赞赏，他被推荐给当时掌握着辅政大权的曹爽。曹爽任命裴秀为黄门侍郎，那一年他25岁。年轻的裴秀脱颖而出，有时不免自负。一次，他得知著名的机械专家马钧设计制作一种能连续把巨石发射到远方的攻城器，竟加以嘲笑，并为难马钧，马钧口才不及裴秀，后来就不多加辩解了。裴秀十分得意，又讲个没完，其实他对机械原理并不是很精通，当时的文学家傅玄，为此曾劝说过裴秀。

司马懿诛杀曹爽，魏朝大权落入司马氏手中。裴秀因是曹爽任用的官吏，被解除了职务，但不久又在朝中做官。司马懿的儿子晋文帝司马昭执政后，裴秀得到更多发挥才能的机会。他提出的有关军事和政治方面的建议，常为司马昭所采纳，被任命为散骑常侍，在皇帝身边做顾问。

魏甘露二年，裴秀三十四岁，随司马昭征讨一个不服从司马氏统治的地方官诸葛诞。裴秀参与谋略，得胜而还，被封鲁阳乡侯，赐邑千户。后来又为司马昭商定政策，改革官制等，封济川侯，赐邑一千四百户。司马昭的儿子司马炎得王位，也多亏裴秀在司马昭面前为他讲好话。

魏咸熙二年，司马昭去世，司马炎废了魏元帝曹奂，自立为帝，国号晋。晋武帝司马炎继位后，任裴秀为尚书令，加左光禄大夫，封钜鹿郡公，赐邑三千户。当时有人向晋武帝反映骑都尉刘向有替裴秀占官府稻田之事，请武帝处理。武帝念裴秀有功劳，仅加刘向的罪，而对裴秀就不予追究了。

晋泰始四年，尚书令裴秀为司空，成为最高军政负责人之一，并兼任地方官，主管全国的户籍、土地、田亩赋税和地图等事，裴秀在地图学方面取得的成就与这一职务有很大关系。可惜，三年之后，他因服寒食散又饮冷酒，不幸逝世。

裴秀在地图学上的主要贡献，在于他第一次明确建立了中国古代地图的绘制理论。他总结我国古代地图绘制的经验，在《禹贡地域图》序中提出了著名的具有划时代意义的制图理论“制图六体”。

春秋战国时期地图已广泛用于战争和国家管理，秦汉以后损失严重。出于政治和军事需要，裴秀立意制作新图。他领导和组织编制成“禹贡地域图”十八篇，这是中国和全世界见于文字记载的最早历史地图集。为了便于应用，他还将一幅篇幅放大，用绢布八十匹绘制的“天下大图”缩制成以寸为百里（比例尺1∶1，800，000）的《地形方丈图》，图上记载有名山都邑，为军政管理提供了科学依据。

他创立“制图六体”理论，系统总结了前人丰富的绘图经验，为后世的地图绘制工作提供了一套完整的规范，是世界上最早的地图纲要。“制

图六体”是很科学的，可以说，今天地图学上所应考虑的主要因素，除经纬线和地图投影外，裴秀几乎都已经提出来了。在一千七百多年前，裴秀不仅已经认识到在地图上表现实际地形的时候有哪些相互影响的因素，而且知道用比例尺和方位去加以校正的方法，这在地图发展史上是具有划时代意义的杰出成就。

裴秀的“制图六体”对后世制图工作的影响是十分深远的。直到明末意大利传教士利玛窦所绘有经纬线的世界地图在中国传播传布以前，我国在地图绘制上，虽然在内容上不充实、完备，但是在方法上基本是遵循“制图六体”的。

裴秀除了绘制《禹贡地域图》以外，还曾经绘制了一幅《地形方丈图》，一直流传了几百年，对后世地图学的发展有相当大的影响。大概在他以前不久，有人绘制了一幅“天下大图”，规模非常庞大，据说“用缣八十四”，这在当时世界上是绝无仅有的。但是这幅“天下大图”有一个缺点，就是不便于携带、阅览和保存。于是裴秀运用制图六体的方法，“以一分为十里，一寸为百里”的比例尺（大约相当于一百八十万分之一）把它缩绘成《地形方丈图》，并且把名山、大川、城镇、乡村等各种地理要素清清楚楚地标示在图上，这样，阅览它就方便多了，可见裴秀已经掌握了缩放技术。

裴秀身居相位，一生主要从事政治活动，不可能经常花大量精力亲自动手进行绘图。因此无论是他的《禹贡地域图》，还是《地形方丈图》，都是在别人的帮助下才得以完成的，但他还是起了发起、组织和指导的主要作用。

【专家品析】

裴秀提出的制图原则，是绘制平面地图的基本科学理论，为编制地图奠定了科学的基础，它一直影响着清代以前中国传统的制图学，在中国地图学的发展史上具有划时代的意义，在世界地图学史上占有重要地位。裴秀对我国地图学的发展做出了巨大贡献。

裴秀所提出的“制图六体”为我国制图学奠定了科学基础，后世称他为“中国科学制图学之父”，与欧洲古希腊著名地图学家托勒密齐名，是世界古代地图学史上东西辉映的两颗灿烂明星。

【科学成就】

裴秀的一生，在政治上相当显赫。但是他深为后人称赞的是他生前的最后几年在地图学方面做出的贡献。在学术上裴秀的重要成就是主持编绘《禹贡地域图》十八篇，以及他在为此图中撰写的序所提出“制图六体”。此外，还缩制旧天下大图为《方丈图》，或称《地形方丈图》。又著有《翼州记》，未完成的著作有《盟会图》和《典治官制》等。

⑫ 丹砂烧之成水银，积变又还成丹砂（葛洪·东晋）

【生平简介】

姓名：葛洪。

别名：抱朴子。

出生地：晋丹阳郡句容（今江苏句容县）。

生卒年：284—364年。

身份：道教学者、著名炼丹家、医药学家。

主要成就：著有《神仙传》、《抱朴子》、《肘后备急方》、《西京杂记》等。

【名家推介】

葛洪（284—364），东晋道教学者、著名炼丹家、医药学家。字稚川，自号抱朴子，汉族，晋丹阳郡句容（今江苏句容县）人。

他曾受封为关内侯，后隐居罗浮山炼丹。著有《神仙传》、《抱朴子》、《肘后备急方》、《西京杂记》等著作。

【名家故事】

284年，葛洪出生在江苏省句容县，家境清贫。他无钱购买书籍笔墨，只好向人家借书阅读，用木炭练习写字，长大了当过官吏，后来辞职回家，专门从事科学研究。

葛洪从小喜欢读有关医药、保健和炼丹制药的书，还很留心民间流行的一些简便的治病方法。他把在广大的农村里搜集到的验方，结合自己学到的医药知识，写成了一本书，取名叫《肘后备急方》。

《肘后备急方》非常实用。“肘后”就是说这部书篇幅很小，可以挂在胳膊肘上随身携带，类似现代所说的“袖珍本”。“备急”就是应急的意思。用现代话说，就是一本“急症手册”。这部书里的治病药方，都是容易得到的到处都有的草药，又便宜，又方便，更重要的是灵验有效，所以深受老百姓的欢迎。

葛洪在《肘后备急方》里面，记述了一种叫“尸注”的病，说这种病会互相传染，并且千变万化。染上这种病的人闹不清自己到底哪儿不舒服，只觉得怕冷发烧，浑身疲乏，精神恍惚，身体一天天消瘦，时间长了还会丧命。葛洪描述的这种病，就是现在我们所说的结核病。结核菌能使人身上的许多器官致病。肺结核、骨关节结核、脑膜结核、肠和腹膜结核等，都是结核菌引起的，葛洪是我国最早观察和记载结核病的科学家。

葛洪的《肘后备急方》中还记载了一种叫犬咬人引起的病症。犬就是疯狗，人被疯狗咬了，非常痛苦，病人受不得一点刺激，只要听见一点儿声音，就会抽搐痉挛，甚至听到倒水的响声也会抽风，所以有人把疯狗病又叫做“恐水病”，在古时候，对这种病没有什么办法治疗。

葛洪想到古代有以毒攻毒的办法。葛洪想，疯狗咬人，一定是狗嘴里有毒物，从伤口侵入人体，使人中了毒。能不能用疯狗身上的毒物来治这种病呢？他把疯狗捕来杀死，取出脑子，敷在病人的伤口上，果然有的人没有再发病，有人虽然发了病，也比较轻些。

葛洪用的方法是有科学道理的，含有免疫的思想萌芽。大家知道，种牛痘可以预防天花，注射脑炎疫苗可以预防脑炎，注射破伤风细菌的毒素可以治疗破伤风。这些方法都是近代免疫学的研究成果。“免疫”就是免于得传染病，细菌和病毒等侵入我们的身体，我们的身体本来有排斥和消灭它们的能力，所以不一定就发病，只有在身体的抵抗力差的时候，细菌和病毒等才能使人发病。免疫的方法就是设法提高人体的抗病能力，使人免于发病。注射预防针，就是一种免疫方法。葛洪对疯狗病能采取预防措施，可以称得上是免疫学的先驱。欧洲的免疫学是从法国的巴斯德开始的。他用人工的方法使兔子得疯狗病，把病兔的脑髓取出来制成针剂，用来预防和治疗疯狗病，原理与葛洪的基本相似。巴斯德的工作方法当然比较科学，但是比葛洪晚了一千多年。

在世界医学历史上，葛洪还第一次记载了两种传染病，一种是天花，另一种叫恙虫病。葛洪在《肘后备急方》里写道：有一年发生了一种奇怪的流行病，病人浑身起一个个的疱疮，起初是些小红点，不久就变成白色的脓疱，很容易碰破。如果不好好治疗，疱疮一边长一边溃烂，人还要发高烧，十个有九个治不好，就算侥幸治好了，皮肤上也会留下一个个的小瘢。小瘢初起发黑，一年以后才变得和皮肤一样颜色。葛洪描写的这种奇怪的流行病，正是后来所说的天花。西方的医学家认为最早记载天花的是阿拉伯的医生雷撒斯，其实葛洪生活的时代，比雷撒斯要早五百多年。

葛洪为什么喜欢炼丹呢？在封建社会里，贵族官僚为了永远享受骄奢淫逸的生活，妄想长生不老。有些人就想炼制出“仙丹”来，满足他们的奢欲，于是形成了一种炼丹术。炼丹术在我国发展得比较早，葛洪也是一个炼丹家。

当时，葛洪炼制出来的药物有密陀僧（氧化铅）、三仙丹（氧化汞）等，这些都是外用药物的原料。

葛洪在炼制水银的过程中，发现了化学反应的可逆性，他指出，对丹砂（硫化汞）加热，可以炼出水银，而水银和硫黄化合，又能变成丹砂。他还指出，用四氧化三铅可以炼得铅，铅也能炼成四氧化三铅。在葛洪的著作中，还记载了雌黄（三硫化二砷）和雄黄（五硫化二砷）加热后升华，直接成为结晶的现象。

此外，葛洪还提出了不少治疗疾病的简单药物和方剂，其中有些已被证实是特效药。如松节油治疗关节炎，铜青（碳酸铜）治疗皮肤病，雄黄、艾叶可以消毒，密陀僧可以防腐，等等。葛洪早在一千五百多年前就发现了这些药物的效用，在医学上做出了很大贡献。

【专家品析】

葛洪是晋朝时的医药学家、制药化学家、炼丹家，著名的道教人士，他在中国哲学史、医药学史以及科学史上都有很高的地位。

他既是一位儒道合一的宗教理论家，又是一位从事炼丹和医疗活动的医学家。葛洪强调创新，认为“古书虽多，未必都尽善尽美”，并在实际的行医、炼丹过程中，坚持贯彻重视实验的思想，这是他对医学上做出的巨大贡献。

【科学成就】

葛洪在行医实践中，总结治疗心得并搜集民间医疗经验，以此为基础完成了百卷著作《玉函方》。由于卷中庞大，难于携带检索，便将其中有关临床常见疾病、急病及其治疗等摘要简编而成《肘后救卒方》（即《肘后备急方》）三卷，使医者便于携带，以便临床急救检索之用，此书堪称中医史上第一部临床急救手册。

祖冲之

⑬ 大明历演绎天文，圆周率计算第一（祖冲之·南北朝）

【生平简介】

姓名：祖冲之。

字：文远。

出生地：范阳郡道县。

生卒年：429—500年。

身份：数学家、科学家。

主要成就：著有《缀术》，将圆周率值计算到小数第7位，创制《大明历》。

【名家推介】

祖冲之（429—500），南北朝时期人，汉族，字文远。祖籍范阳郡遒县（今河北涞水县），我国杰出的数学家、科学家。

祖冲之从小接受家传的科学知识。一生先后当过南徐州（今江苏镇江市）从事史、公府参军、娄县（今昆山市东北）令、谒者仆射、长水校尉等官职。主要贡献在数学、天文历法和机械三个方面。

【名家故事】

提起圆周率，人们自然而然会把它和一位伟大的科学巨星的名字联系在一起。他，就是我国南北朝时期闻名天下的数学家、天文学家、机械制造家——祖冲之。

祖冲之没有进过学校，却凭着超人的勤奋和聪慧的天资，读了大量的书籍，他读书从不盲从，凡事总爱问个“为什么”，还总是要亲自动手实验。比如，对天象的观察、日影的测量，都是从他少年时代就开始的。

祖冲之25岁的时候，被请进宋孝武帝创办的全国最高学术机构——华林学省。这里集中了刘宋王朝的许多博学多才之士。祖冲之自然不甘落后，更加发奋钻研，努力向科学的巅峰攀登。他的第一个目标，就是对古历法的冲击。

古代历法为阴历。按阳历算，地球绕太阳（当时的说法是太阳绕地球）一周为一年，大约365.2422日；而阴历，是根据月亮的盈亏圆缺而制定的，每年约三百五十四天，比阳历少十一天多。为使阴历和阳历的天数相合，历代天文学家都采用了置闰的方法，即每过几年，阴历的一年就多加一个月，这多增加的月就叫闰月。

按这个闰法，每二百四十年就会误差一天。祖冲之经过精确计算，提出了新闰周，其误差显然缩小了许多。而且还在历法计算中运用了岁差，使历法上第一次把恒星年（地球绕太阳一周的时间）与回归年（两次冬至间的时间）区别开来，从而开创了中国历法的新纪元。

462年，33岁的祖冲之编制成了著名的《大明历》，当即报奏朝廷，请求使用。但被当时权贵们阻挠而未得施行，随之武帝也一命归西，《大明历》也随着束之高阁。直到祖冲之去世十年后，他的儿子祖暅三次上书梁武帝，证实《大明历》的确比以往任何旧历都要精密，这部历法才于510年施行，从《大明历》的编成到被采用，前后竟经历了半个世纪之久。

祖冲之在科学领域中的另一大突出的成就是对于圆周率的计算。所谓圆周率，就是圆的周长和同一个圆的直径的比率（数学上用希腊字母π来表示）。可别小看这小小的圆周率，它的应用范围之广泛，是外行人所不能想象的。可以这么说，凡是涉及圆的数学问题，都要用圆周率来计算。

我国古代数学家对圆周率的研究，很早就开始了，而且取得了遥遥领先于世界的成果。早在公元前一百多年成书的《周髀算经》中，就有圆周率为3的记载；东汉科学巨匠张衡求出了3.1622的近似值；到距今一千七百多年的三国时代，杰出的数学家刘徽又用“割圆术”计算到内接192边形，求得圆周率为3.141024。

然而，祖冲之不满足于刘徽的结论，继续深入、坚持不懈地进行着圆周率的计算工作。从开始计算那天起，无论酷暑还是严冬，祖冲之一直夜以继日地钻研，终于得到了更为精确的结果：密率为355／113（化为小数是3.1415926），约率为22／7（化为小数是3.1415927）。祖冲之得出的圆周率，精确到了小数点以后第七位，与圆周率的真值相比，误差仅为千万分之九，是当时世界上最精确的圆周率，被各国许多数学家称为“祖率”。在祖冲之逝世一千多年以后，荷兰科学家安托尼兹才计算出这个数字。祖冲之求出的π值，在世界上保持了近一千年的记录，直到1427年，中亚卓越的数学家阿尔·卡西在他的《关于弦和正弦》的著作中记载了圆周率的前十七位数，才第一次超过了祖冲之。

后来，祖冲之把研究成果汇集在《缀术》这本书中。《缀术》，在唐代被立为“十部算经”之一，是国立学校学生必读的主要教科书，同时传到了日本等邻国，在数学史上曾发挥过重大作用。令人十分惋惜的是，它早在北宋中期就失传了，后人只能根据其他古书记载来了解这部优秀数学著作的内容。

祖冲之晚年致力于文学、哲学、社会科学方面的研究，并在改革政治方面倾注了大量的心血，表现了他忧国忧民的高尚品格。公元500年，这位杰出的科学巨星陨落了，终年72岁。

【专家品析】

祖冲之一生对仕途十分淡泊，但是，他在科学研究中展示出的无穷无尽的才智，他在我国和世界科技史上谱写的光辉篇章，永远是我们伟大祖国的骄傲，也是世界人民的骄傲。

祖冲之的名字和他的成果，留在法国巴黎“发现宫”科学博物馆的墙上，他的肖像悬挂在莫斯科大学礼堂前面的廊壁，在以世界著名科学家的名字命名的月球山脉中，也有“祖冲之”三个金光灿灿的大字，祖冲之的大名将与日月山河同在!

【科学成就】

在世界数学史上第一次将圆周率（π）值计算到小数点后七位，即3.1415926到3.1415927之间，他提出约率22/7和密率355/113，这一密率值比欧洲早一千多年。他将自己的数学研究成果汇集成一部著作，名叫《缀术》。他编制的《大明历》，推算出一回归年的长度为365.24281481日，误差只有五十秒左右。他还是一位杰出的机械专家，重新造出早已失传的指南车、千里船等巧妙机械多种。著作有《释论语》、《庄子义》及小说《述异记》等，但早已失传。

⑭ 文章博洽儒者风，水经有注比禹功（郦道元·南北朝）

【生平简介】

姓名：郦道元。

字：善长。

出生地：范阳郡（河北涿州市）。

生卒年：约470—527年。

身份：地理学家、散文作家。

主要成就：撰《水经注》四十卷。

【名家推介】

郦道元（约470—527），字善长，汉族，范阳涿鹿（今河北涿鹿县）人。北朝北魏地理学家、散文作家。

他撰写的《水经注》四十卷，文笔隽永，描写生动，既是一部内容丰富多彩的地理著作，也是一部优美的山水散文汇集，可称为我国游记文学的开创者，对后世游记散文的发展影响颇大。

【名家故事】

郦道元在少年时代，就对地理考察有浓厚的兴趣。十几岁时，他随父亲到山东，经常与朋友一起到有山水的地方游览，观察水流的情景。后来，他在山西、河南、河北做官，经常乘工作之便和公余之暇，留意进行实地的地理考察和调查。凡是他走到的地方，他都尽力搜集当地有关的地理著作和地图，并根据图籍提供的情况，考查各地河流干道和支流的分布，以及河流流经地区的地理风貌。他或跋涉郊野，寻访古迹，追溯河流的源头；或走访乡老，采集民间歌谣、谚语、方言和传说，然后把自己的见闻，详细地记录下来，日积月累，他掌握了许多有关各地地理情况的原始资料。

通过实地考察和对地理书籍的研究，郦道元深切感到前人的地理著作，包括《山海经》、《禹贡》、《汉书•地理志》以及大量的地方性著作，所记载的地理情况都过于简略。三国时有人写了《水经》一书，虽然略具纲领，但却只记河流，不记河流流经地区的地理情况，而且河流的记述也过于简单，并有许多遗漏。更何况地理情况不是固定不变的，随着时间的推移，地理情况也不断发生变化。例如，河流会改道，地名有变更、城镇村落有兴衰等，特别是人们的劳动会不断改变地面的风貌。因此历史上的地理著作，已经不能满足人们的需要了，郦道元决心动手写一部书，以反映当时的地理面貌和历史变迁的情况。

在著书的过程中，郦道元选取了《水经》一书作为蓝本，采取了为《水经》作注的形式，因此取书名为《水经注》。《水经》一书记载的河流仅有一百三十七条，文字总共只有一万多字。郦道元在《水经注》中补充了许多河流，数量比《水经》增加了近十倍，达一千二百五十二条，其中有些还是独立流入大海的重要河流。《水经注》共计四十卷，约三十万字。仅从这些就可以看到，郦道元的《水经注》是一部内容远远超过《水经》一书的再创作，书中凝聚着郦道元大量的辛勤劳动，是他多年心血的结晶。

在《水经注》中，郦道元除了记述当时的全国各地的地理情况外，还记述了一些国外的地理情况，其涉及地域东北至朝鲜的坝水（今大同江），南到扶南（今越南和柬埔寨），西南到印度新头河（今印度河），西至安息（今伊朗）、西海（今哈萨克斯坦和乌兹别克斯坦咸海），北到流沙（今蒙古沙漠）。可以说，《水经注》是北魏以前中国及周围地区的地理学的总结。

从《水经注》中我们可以看到，郦道元以其饱满的笔触，为我们展现了一千四五百年前中国的地理面貌，使人们读后可以对各地的地理状态及其历史变迁有较清晰的了解。例如从关于北京地区的描述中，我们可以知道当时北京城的城址、近郊的历史遗迹、河流以及湖泊的分布等，还可以了解到北京地区人们早期进行的一些大规模改变自然环境的活动，像拦河堰的修筑、天然河流的导引和人工渠道的开凿等。这是我们现在所能得到的关于北京地区最早的地理资料，也是我们研究北京地区历史地理变迁的一个重要地点。这些资料对于我们今天仍然是非常有用的。科学和经验告诉我们，地理情况是随着自然条件的变化和人类活动的加强而不断发生变化的。我们要真正了解和深刻认识今天的地理情况，单靠对现在的地理状态的研究是不够的，还必须深入了解地理情况的变化过程及其原因，以认识和掌握它的发展规律，为今天的建设事业服务。从这个意义上说，《水经注》在今天仍然具有生命力，是我们不可多得的珍贵的历史地理文献。

《水经注》中的内容，除郦道元亲身考察所得到的资料外，还引用了大量的历史文献和资料，其中引用前人的著作达四百三十七种之多，还有不少汉、魏时代的碑刻材料。这些书籍和碑刻，后来在历史的变迁中大都已经散失了，幸而有郦道元的引用转录，才得以保留下来，使我们能够知道这些书籍和碑刻的部分内容，这又是我们研究我国文明发展历史的极其宝贵的资料。郦道元对地理学的贡献和历史功绩，是值得人们尊崇的。

【专家品析】

《水经注》在写作体例上，不同于《禹贡》和《汉书•地理志》，它以水道为纲，详细记述各地的地理概况，开创了古代综合地理著作的一种新形式。

它详细地记述了河流流经区域的地理情况，包括山脉、土地、物产、城市的位置和变迁以及村落的兴衰、水利工程、历史遗迹等古今情况，并且具有明确的地理方位和距离的观念。像这样写作严谨、内容丰富的地理著作，在当时的中国乃至世界上都是无与伦比的，由此，郦道元被后人尊为中世纪最伟大的地理学家，是当之无愧的。

【科学成就】

《水经注》不仅是一部具有重大科学价值的地理巨著，而且也是一部颇具特色的山水游记。郦道元以饱满的热情、浑厚的文笔、精美的语言，形象生动地描述了祖国的壮丽山川，表现了他对祖国的热爱和赞美。郦道元一生著述很多，除《水经注》外，还有《本志》十三篇以及《七聘》等著作，但是，流传下来只有《水经注》一书。

贾思勰

⑮ 古代杰出农学家，齐民要术奠奇功（贾思勰·南北朝）

【生平简介】

姓名：贾思勰。

出生地：益都（今山东寿光市西南）。

生卒年：未详。

身份：农学家。

主要成就：著有《齐民要术》。

【名家推介】

贾思勰（生卒年不详），北魏时人，汉族，益都（今山东寿光市西南）人，他生活于我国北魏末期和东魏期间，曾经做过高阳郡（今山东临淄）太守。

他是中国古代杰出的农学家，他将自己积累的许多古书上的农业技术资料、询问百姓获得的丰富经验以及他自己的亲身实践，加以分析、整理、总结，写成农业科学技术巨著《齐民要术》一书并流传后世。

【名家故事】

一千四百多年前，我国南北朝时期，北魏出了一名杰出的农业科学家贾思勰。他是山东益都人，当过高阳郡太守，拥有广泛的农事知识。他所撰写的《齐民要术》是一部农业科学巨著，他因此闻名于世。

我国自古以来是一个农业大国，劳动人民在长期的生产实践中积累了丰富的经验，获得了举世瞩目的成就。伟大的农业科学家贾思勰在先人经验的基础上，经过毕生的努力，第一次科学、系统、全面而又详尽地总结了古代劳动人民的经验，撰写出农学巨著《齐民要术》。

《齐民要术》约撰写于533～544年间，共十卷，九十二篇。“齐民”，指平民；“要术”，是从事生产生活重要事项的技术。它的内容极为丰富，使我国的农业科学第一次形成了系统的理论，建立了较为完整的农学体系，反映了我国古代农业生产和科学技术水平。

此书，从论述的种类看，在种植业中，既有谷类、纤维、油料、染料、香料、饲料及绿肥等大田作物，也有水生植物、瓜、果、蔬菜及林木栽培等；在养殖业中，既有畜禽的饲养，又有水产养殖。从农事方面看，自开荒到耕种，自生产前的准备到生产后的农产品加工、酿造与利用，都有详细的记载。总之，农艺、园艺、土壤耕作、栽培技术、选种留种技术、畜牧兽医、桑蚕技术以及农产品的加工贮藏、野生植物的经济利用、有关动植物方面的知识，无所不有，真是丰富多彩，包罗万象。它是我国现存最早、最完整、结构严谨、论述全面、脉络清晰的一部农学著作，也是世界上最古老的农业科学专著之一。

在《齐民要术》中，贾思勰对当时黄河中、下游地区作物的生长规律，作了全面详细的描述。比如：农作物分哪些种类，生长的条件是什么，怎样改善农作物的生长条件，农作物生长分哪几个阶段，各阶段的需要有什么不同，怎样提高农作物适应环境的生长能力，都一一做了阐述，并有其独到见解。以前的各种农业著述，对于农业耕种的重要性，远远不如他论述得那么细致、具体而透彻。他根据黄河中下游地区春季干旱多风、气温回升快及夏日连雨的特点，不仅指出了耕种的重要性和质量要求，还详细地阐述了怎样进行深、浅、初、转、纵、横、顺、逆、春、夏、秋、冬耕，规范了春耕、秋耕的基本措施，甚至连地耕坏了怎样补救，也提出了具体办法。

贾思勰的另一贡献是将动物养殖技术向前推进了一步。在《齐民要术》一书中，他详细记载了禽畜的饲养方法。指出饲养时要注意在群体中保持合理的雌雄比例。他在栽种瓜、果、蔬菜，植树造林，养殖，酿造等篇中，详细描述了怎样进行多种经营，如何到市场销售，怎样多层次地利用农产品等有关经济效益的内容。现代从事农产品加工、酿造、烹调、果蔬贮存、畜禽饲养的工作者，都可以从中找到古老的配方和技法。因而食品史学家对《齐民要术》颇为珍视。

现代学者从经济科学角度研究《齐民要术》，认为贾思勰的著作不单是一部影响深远的古代农业技术典籍，也是中国封建社会农业经营方法方面的百科全书。

贾思勰重视农业生产，尊重老农，经常访问有经验的农民，虚心向他们请教。他把长期蕴藏在劳动人民中的丰富的生产知识和技能发掘出来，从中汲取养分，极大地丰富了我国古代农学遗产，从而继承并发扬了古代劳动人民的聪明才智。

他到过山东、山西、河北、河南等许多地区，从各地老农那里学到了很多知识和经验。他在“种谷”中记载了我国北方谷子品种名目达八十六种之多。从老农那里他知道了：长着茅草的地，要先赶牛羊在上面踩过，七月间翻地，茅草才会死去。选种要选长得饱满的、颜色纯洁的穗子，割下来，高高挂起，到来年春天打下来播种。在风大霜重的山地种谷子，应当选用茎秆坚强的品种；在潮湿温暖的低地种谷子，应当选用茎杆比较柔弱、生长茂盛的品种等，这些无不是他虚心请教所得。

《齐民要术》一书，反映了我国古代劳动人民的聪明才智，保留了我国古代农业生产的经验。它不仅为促进我国古代农业生产的发展做出了卓越的贡献，而且在世界农业科学发展史上，也称得上是一部不朽的著作。

【专家品析】

贾思勰重视实践，并虚心向老农请教，这在封建社会的知识分子中是少见的。由于他能把书本知识与生产实践相结合，以实践为基础，亲自尝试，这就从根本上保证了《齐民要术》的科学性，赋予它科学的生命力，使之精练准确。

农史学家称赞《齐民要术》中关于旱地耕作的精湛技艺和高度的理论概括，把当时黄河中下游旱地耕作技术推向新的高水平，使我国农学第一次形成精耕细作的完整体系。贾思勰的《齐民要术》是一部古代农业的经典著作。

【科学成就】

《齐民要术》由序、杂说和正文三大部分组成。正文共九十二篇，十卷，十一万字。书中详细介绍了各种家禽、家畜、鱼、蚕等的饲养和疾病防治，并把农副产品的加工以及食品加工、文具和日用品生产等形形色色的内容都囊括在内，《齐民要术》对我国农业研究具有重大意义。

16 赵州桥存世千年，建筑史堪称奇迹（李春·隋）

【生平简介】

姓名：李春。
出生地：河北邢台。
生卒年：不详。
身份：桥梁工匠。
主要成就：建造了举世闻名的赵州桥。

【名家推介】

李春，生卒年代不详。隋代造桥工匠，今河北邢台临城人士，隋开皇十五年至大业初年建造赵州桥（安济桥）。

他设计营造的赵州桥存世一千四百多年，堪称中国建筑史上的奇迹之一，赵州桥开创了我国桥梁建造的崭新局面，也为我国桥梁技术的发展做出了巨大贡献。

【名家故事】

赵州桥建于隋代，隋朝统一中国后，结束了长期以来南北分裂、兵戈相见的局面，促进了社会经济的发展。当时的赵县是南北交通必经之路，从这里北上可抵重镇涿郡（今河北涿州市），南下可达京都洛阳，交通十分繁忙。可是这一交通要道却被城外的洨河所阻断，影响了人们来往，每当洪水季节甚至不能通行，为此隋大业元年决定在洨河上建设一座大型石桥以结束长期以来交通不便的状况。李春受命负责设计和大桥的施工。李春率领其他工匠一起来到洨河，对洨河及两岸地质等情况进行了实地考察，同时认真总结了前人的建桥经验，结合实际情况提出了独具匠心的设计方案，按照设计方案精心细致施工，很快就出色地完成了建桥任务。李春他们在设计和施工中创下许多技术成就，把我国古代建筑技术提高到一个全新的水平。

赵州桥是安济桥的俗称，它位于今河北省赵县城南五里的洨河上，横跨洨河南北两岸，是我国现存最早的大型石拱桥，也是世界上现存最古老、跨度最长的圆弧拱桥。大桥全长50余米，宽9米，主孔净跨度为37米。全桥全部用石块建成，共用石块一千多块，每块石料重达一吨，桥上装有精美的石雕栏杆，雄伟壮丽、灵巧精美。它以首创的敞肩拱结构形式、精美的建筑艺术和施工技巧等杰出成就，在中外桥梁史上令人瞩目，充分代表了我国古代劳动人民在桥梁建造方面的丰富经验和高度智慧。

李春的赵州桥创新设计集中体现在以下三个方面：

圆弧拱形式设计，李春和工匠们一起创造性地采用了圆弧拱形式，使石拱高度大大降低。赵州桥的主孔净跨度为37米，而拱高只有7米，拱高和跨度之比为1∶5左右，这样就实现了低桥面和大跨度的双重目的，桥面过渡平稳，车辆行人非常方便，而且还具有用料省、施工方便等优点。当然圆弧形拱对两端桥基的推力相应增大，需要对桥基的施工提出更高的要求。

采用敞肩设计，这是李春对拱肩进行的重大改进，把以往桥梁建筑中采用的实肩拱改为敞肩拱，即在大拱两端各设两个小拱，靠近大拱脚的小拱净跨为3.8米，另一拱的净跨为2.8米。这种大拱加小拱的敞肩拱具有优异的技术性能，第一，可以增加泄洪能力，减轻洪水季节由于水量增加而产生的洪水对桥的冲击力。古代洨河每逢汛期，水势较大，对桥的泄洪能力是个考验，四个小拱就可以分担部分洪流。据计算四个小拱可增加过水面积16%左右，大大降低洪水对大桥的影响，提高大桥的安全性。第二，敞肩拱比实肩拱可节省大量土石材料，减轻桥身的自重。据计算四个小拱可以节省石料26立方米，减轻自身重量700吨，从而减少桥身对桥台和桥基的垂直压力和水平推力，增加桥梁的稳固。第三，增加了造型的优美，四个小拱均衡对称，大拱与小拱构成一幅完整的图画，显得更加轻巧秀丽，体现建筑和艺术的完整统一。第四，符合结构力学理论，敞肩拱式结构在承载时使桥梁处于有利的状况，可减少主拱圈的变形，提高了桥梁的承载力和稳定性。

单孔设计。按照中国古代的传统建筑方法，一般比较长的桥梁往往采用多孔形式，这样每孔的跨度小、坡度平缓，便于修建。但是多孔桥也有缺点，如桥墩多，既不利于舟船航行，也妨碍洪水排泄；桥墩长期受水流冲击、侵蚀，天长日久容易塌毁。因此，李春在设计大桥的时候，采取了单孔长跨的形式，河心不立桥墩，使石拱跨径长达37米之多，这是中国桥梁史上的空前创举。

赵州桥的三绝，“券”小于半圆。中国习惯上把弧形的桥洞、门洞之类的建筑叫做“券”。一般石桥的券，大都是半圆形。但赵州桥跨度很大，如果把券修成半圆形，那桥洞就要高18米。这样车马行人过桥，就好比越过一座小山，非常费劲。赵州桥的券是小于半圆的一段弧，这既减低了桥的高度，减少了修桥的石料与人工，又使桥体非常美观，很像天上的长虹。

“撞”空而不实，券的两肩叫“撞”。一般石桥的撞都用石料砌实，但赵州桥的撞没有砌实，而是在券的两肩各砌一两个弧形的小券。这样桥体增加了四个小券，大约节省了180立方米石料，使桥的重量减轻了大约五百吨。而且，当洨河涨水时，一部分水可以从小券往下流，既可以使水流畅通，又减少了洪水对桥的冲击，保证了桥的安全。

洞砌并列式，它用二十八道小券并列成9.6米宽的大券。可是用并列式砌，各道窄券的石块间没有相互联系，不如纵列式坚固。为了弥补这个缺点，建造赵州桥时，在各道窄券的石块之间加了铁钉，使它们连成了整体。用并列式修造的窄券，即使坏了一个，也不会牵动全局，修补起来容易，而且在修桥时也不影响桥上交通。

【专家品析】

赵州桥这样突出的技术成就和像李春这样杰出的桥梁专家，在封建社会中并不为封建统治者所重视，甚至在史书中也没有留下多少痕迹，我们除了知道隋朝工匠李春设计建造了这座举世闻名的大桥外，其他却一无所知，不能不说是一个很大的遗憾。但是即使如此，我们仍然坚信：李春作为一代桥梁专家和赵州桥作为一座历史名桥将永载祖国史册，为后人所牢记。

【科学成就】

赵州桥的建成在我国桥梁史上具有重要影响，它的大跨度、圆弧拱、敞肩形式的设计，开创了桥梁建设新的天地。这座大桥自建成至今已有一千四百多年，这期间经历了八次以上地震的影响，八次以上战争的考验，堪称中国建筑史上的奇迹。

⑰ 大隋著名工程师，擅长工艺建古都（宇文恺•隋）

【生平简介】

姓名：宇文恺。

字：安乐。

出生地：朔方夏州(今陕西靖边县境内)。

生卒年：555—612年。

身份：科学家、建筑工程专家。

主要成就：著有《东都图记》二十卷、《明堂图议》二卷、《释疑》一卷。

【名家推介】

宇文恺（555—612），字安乐，鲜卑族，朔方夏州(今陕西靖边县境内)人，中国隋代城市规划和建筑工程专家。

他出身于武将功臣世家，自幼博览群书，精熟历代典章制度和多种工艺技能，官至工部尚书。宇文恺一生的最伟大的造就是两座都城大兴、洛阳的建造。

【名家故事】

蜚声中外的唐代都城长安以及东都洛阳，实际上都是在隋代建造的，创建这两座历史名城的第一功臣是杰出的建筑学家宇文恺。

581年，杨坚建立隋朝，称隋文帝。为了巩固自己的统治地位，他大肆诛杀北周宗室宇文氏，以清除北周残余势力。宇文恺原也被定为诛杀之列，由于宇文恺家族与北周宗室有别，二兄宇文忻又拥戴隋文帝有功，加上他本人的才华深得隋文帝的赏识，因而才幸免一死。隋文帝修建宗庙，宇文恺被起用，任命建造宗庙副监、太子左庶子，负责宗庙的兴修事务。

隋朝建立之时，仍承袭北周以长安城为京都。长安城始建于汉代，已有近八百年的历史，城市已显得过于狭小，宫宇也很多都坍塌腐烂，加上供水、排水严重不通畅，污水往往聚而不泄，生活用水受到严重污染，已经不能适应社会发展和人们生活的需要，于是决定另建新的都城。

高颎主要是提出都城的总的制度，并负责总的施建方针，而具体的规划、设计则是由宇文恺完成的，其他的副使主要是协助负责施工和材料管理各项事务。大兴城的兴建，不是在旧有基础上进行改建、扩建而成的城市，而是在短时间内按周密规划兴建而成的崭新城市。全城由宫城、皇城和郭城组成，先建宫城，后建皇城，最后建郭城。

开皇二年六月开始兴建，十二月基本竣工命名为大兴城，次年三月即正式迁入使用，前后仅九个月，其建设速度之快实令人惊叹。整个工程的规划、设计、人力物力的组织和管理都应是相当精细和严谨的。在规划设计和建设施工中，还得考虑地形、水源、交通、军事防御、环境美化、城市管理、市场供需等的配套，以及都城作为政治、军事、经济、文化中心的特点等诸多方面的因素，解决一系列复杂的问题。因此，大兴城的兴建标志着当时的中国所达到的经济和科学技术水平。

大兴城的规划吸取了曹魏邺城、北魏洛阳城的经验，在整体对称的原则下，沿着南北中轴线，将宫城和皇城放置在全城的主要地位，郭城则围绕在宫城和皇城的东、西、南三面。分区整齐明确，象征着皇权的威严，充分体现了中国古代京都规划和布局的独特风格，反映了统治者专制集权的思想和要求，特别是把宫室、官署区与居住区严格分开，是一大创新。

宫城位于南北中轴线的北部，城内有墙把宫城分隔成三部分，中部是大兴宫，由大兴殿等数十座殿台楼阁组成，是皇帝起居、听政的场所。东部为东宫，专供太子居住和办理政务。西部为掖庭宫，是安置宫女学习技艺的地方。

皇城在宫城南面，由一条横街与宫城相隔，皇城是军政机构和宗庙的所在地。郭城，又称罗城、京城，城中的街道都很宽，通向城门的街道的宽度都在百米以上，最宽的是界于宫城和皇城之间的横街，宽达220米以上，位于南北中轴线上的主干道朱雀大街宽150米；不通城门的街道宽40～60米，最窄的是四周沿城墙内侧的顺城街，宽25米。里坊都筑有坊墙，坊中也有街道。大的里坊四面开四个坊门，中间开辟十字街，小的里坊开东西二门，有一条横街。这些纵横相交的街道形成一个交通网络，井然有序。各大街的两侧都开有排水沟，街道两旁种植榆、槐为主的行道树，株行距整齐，使道路成为宽广笔直的林荫大道，为城市增添了风采。

在当时的社会、经济、科技条件下，大兴城有如此规模的建设和成就，是值得人们赞颂的。大兴城的设计和布局思想，不但对中国后世的都市建设有着很大的影响，而且对日本、朝鲜的都市建设也有着深刻的影响。

隋炀帝杨广继位后，要营建洛阳，又由宇文恺负责监造，宇文恺把东都洛阳建筑得极其壮丽，因此被升为工部尚书。他曾经建造大帐，帐下可以容纳数千人。又造观风行殿，殿上可以容纳侍卫数百人，行殿下装轮轴，可以迅速拆卸和拼合。他曾建议按古制建筑明堂，“下为方堂，堂有五室，上为圆观，观有四门”，并曾用木料制作了模型。虽然没有兴建，却表现了他的巧思和学识的渊博。大业八年宇文恺不幸病卒，终年57岁。

【专家品析】

宇文恺的一生，主要是担任营造方面的高级官员，主持过许多大型的建筑工程，起着相当于现在工程总指挥、总设计师和总工程师的作用。他在建筑方面取得了许多重大的成就，有些成就甚至具有划时代的意义。但应该指出的是，在他设计和主持的工程中，除了开凿广通渠，客观上有利于国计民生外，其余大多是为了满足统治者的统治需要，尤其是宫殿建筑，不顾劳民伤财，取悦帝王。但是，从建筑历史的角度来说，他的历史功绩是不可磨灭的。

【科学成就】

宇文恺在建筑学方面的著述有《东都图记》二十卷，《明堂图议》二卷，《释疑》一卷。但除《明堂图议》的部分内容保存在《隋书·宇文恺传》、《北史·宇文贵传》和《资治通鉴》等史籍中，其他的后来都遗失了，这实是建筑学史上的一大损失。

⑱ 世界历史药王誉，华人奉他为医神（孙思邈·唐）

【生平简介】

姓名：孙思邈。

出生地：京兆华原（今陕西耀县）。

生卒年：581—682年。

身份：医学家、药物学家、道士。

主要成就：编写《千金方》、《千金要方》、《千金翼方》。

【名家推介】

孙思邈（581—682），汉族，唐朝京兆华原（现陕西耀县）人，著名的医师与道士。他是中国乃至世界史上著名的医学家和药物学家，被誉为“药王”，许多华人奉他为“医神”。

他一生致力于医学临床研究，对内、外、妇、儿、五官、针灸各科都很精通，有二十四项成果开创了我国医药学史上的先河。一生著书八十多种，其中以《千金要方》、《千金翼方》影响最大，合称为《千金方》，被誉为我国最早的一部临床医学百科全书。

【名家故事】

孙思邈七岁时读书，就能每天背诵上千字的文章，到了二十岁，就能侃侃而谈老子、庄子的学说，并对佛家的经典著作十分精通，被人称为“圣童”。但他认为走仕途、做高官太过世故，不能随意，就多次辞谢了朝廷的封赐。隋文帝让他做国子博士，他也称病不做。唐朝唐太宗继位后，召他入京，见到他五十多岁的人竟能容貌气色、身形步态都如同少年一般，十分感叹，便慨叹说：“有道之人真是值得人尊敬呀！像羡门、广成子这样的神仙人物原来世上竟是有的，怎么会是虚言呢？”太宗皇帝还想授予他爵位，但仍是被孙思邈拒绝了。高宗继位后，又邀他做谏议大夫，他同样没有答应。孙思邈归隐的时候，高宗又赐他良驹，还有已故的鄱阳公主的宅邸居住，就连当时的名士宋令文、孟诜、卢照邻等文学大家都十分尊敬他，以对待师长的礼数来侍奉他。

一次，卢照邻问孙思邈一个问题：“名医能治愈疑难的疾病，是什么原因呢？”他答道：“对天道变化了如指掌的人，必然可以参政于人事；对人体疾病了解透彻的人也必须根源于天道变化的规律。天候有四季，有五行，相互更替而轮回。那么又是如何运转呢？天道之气和顺而为雨；愤怒起来便化为风；凝结而成霜雾；张扬发散就是彩虹。这是天道规律，人也相对应于四肢五脏，昼行夜寝，呼吸精气，吐故纳新。人身的气流注全身而形成营气、卫气；显现于气色精神；发于外则为音声，这就是人身的自然规律。阴阳之道，天人相应，人身的阴阳与自然界并没什么差别。人身的阴阳失去平衡时，人体气血上冲则发热；气血不通则生寒；气血蓄结生成瘤或赘物；气血下陷成痈疽；气血狂越奔腾就是气喘乏力；气血枯竭就会精神衰竭。各种征候都显现在外，气血的变化也表现在形貌上，天地不也是如此吗？”孙思邈的回答十分精彩，也足见其医学上的造诣颇深。

他所著的《备急千金要方》，简称《千金要方》，共三十卷，内容极为丰富。分医学总论、妇人、少年婴儿、七窍、诸风、脚气、伤寒、内脏、痈疽、解毒、应急处方、食治、平脉、针灸等，共计二百三十二门，收处方五千三百首。特别值得注意的是，书中首创“复方”。《伤寒论》的体例是一病一方，而孙思邈在《千金要方》中发展为一病多方，还灵活变通了张仲景的“经方”。有时两三个经方合成一个“复方”，以增强治疗效果；有时一个经方分成几个单方，以分别治疗某种疾病。这是孙思邈对医学的重大建树，是我国医学史上的重大革新。《千金翼方》是对《千金要方》的补编。书名含有和《千金要方》相辅相济、羽翼双飞的意思。此书共三十卷，其中收录了唐代以前本草书中所未有的药物，补充了很多方剂和治疗方法。记载药物八百余种。这两部书，合称为《千金方》，收集了大量的医药资料，是唐代以前医药成就的系统总结，也是我国现存最早的医学类书，对学习、研究我国传统医学有重要的参考价值。

由于孙思邈结合实践，虚心地广泛地学习各家之长，所以医学水平很高，有许多独特的贡献。其中，对脚气病的治疗最为擅长。脚气病是由于人体缺乏维生素B引起的。这种病多少年来一直折磨着江南一带群众。孙思邈在学习前人和总结群众经验的基础上，经过长期探索，终于提出一个有奇效而又简便的防治方案，那就是用防己、细辛、犀角、蓖麻叶、蜀椒、防风、吴茱萸等含有维生素B_1的药物来治疗，用含有维生素B_1的谷皮（楮树皮）煮汤调粥常服来预防，这在世界医学史也是非常先进的。孙思邈特别重视妇幼保健，是创建妇科的先驱。他在《千金要方》中首列妇科三卷、儿科一卷，把妇儿科放在突出的地位。他还打破当时医学界的陋习，主张用综合疗法治病。

孙思邈在有生之年为医药事业作了那么多重大的贡献，临终时，却留下遗嘱要薄葬，这种精神是很可贵的，他深受百姓的爱戴和敬仰。他的家乡人民给他修庙立碑，把他隐居过的“五台山”改名为“药王山”。山上至今保留有许多有关孙思邈的古迹，如“药王庙”、“拜真台”、“太玄洞”、“千金宝要碑”、“洗药池”等，并在山上为他建庙塑像，树碑立传。每年农历二月初三，当地群众都要举行庙会，以纪念曾为我国医学事业做出巨大贡献的著名医学家孙思邈。

【专家品析】

孙思邈一生致力于医学临床研究，对内、外、妇、儿、五官、针灸各科都很精通，有二十四项成果开创了我国医药学史上的先河，特别是其论述的医德思想，倡导的妇科、儿科、针灸穴位等都是先人未有的。他是继张仲景之后中国第一个全面系统研究中医药的先驱者，为祖国的中医发展立下了不可磨灭的功绩。

孙思邈是古今医德医术堪称一流的名家，尤其对医德的强调，为后世的习医、从医者传为佳话。他在名著《千金方》中，也把“大医精诚”的医德规范放在了极其重要的位置上来专门立题，重点讨论。而他本人，也是以德养性、以德养身、德艺双馨的代表人物，成为历代医家和百姓尊崇备至的伟大人物。

【科学成就】

孙思邈一生著作八十余部，除了《千金要方》、《千金翼方》外，还有《老子注》、《庄子注》、《枕中素书》一卷、《会三教论》一卷、《福禄论》三卷、《摄生真录》一卷、《龟经》二卷等。

孙思邈

⑲ 测量地球子午线，汇编制定大衍历（僧一行•唐）

【生平简介】

姓名：僧一行。
本名：张遂。
出生地：河北省邢台市巨鹿县。
生卒年：683—727年。
身份：僧人、数学家、天文学家。
主要成就：创制《大衍历》。

【名家推介】

僧一行（683—727），本名张遂，汉族，邢州巨鹿（今河北省邢台市）人，青年时期出家当了和尚，一行是他的法名。

他是唐代最著名的数学家、天文学家。他从事了世界上第一次对子午线的实测，对历法科学做出了重要的贡献，推算出“开元大衍历”，后世有人称赞它“历千古而无误差”，可惜他的著作后来全部散失了。

【名家故事】

一行自幼聪明敏捷，过目不忘，二十岁左右便博览经史，对天文历算尤其感兴趣。他曾向长安玄都观道士尹崇借阅扬雄的《太玄经》，不几天，便去还书。尹崇大惑不解，对一行说：“此书意义深奥，我钻研很多年还不很了解，你正可细加研求，何必急着还书呢？”没想到一行竟回答：“我已经明白了其中的道理。”说着一行便拿出他新写成的《大衍玄图》和《义诀》，经过一番交谈讨论，尹崇终于相信一行果然已得《太玄经》奥秘。尹崇称赞一行是颜回再世，从此一行名声大振。当时正赶上武三思专权，武三思出于某种目的，想与一行结交，一行却鄙视武氏作为，躲着不见。不久，一行便出家为僧。一行为了学算术，不远千里来到天台山国清寺，向一位隐名大德请教。得到他的指点后，一行算术更精，声振遐迩。

景龙四年，唐睿宗李旦继位，睿宗便命东都留守韦安石礼聘一行出山，一行又称病婉言回绝，随即又回到荆州当阳山，向沙门悟真学习梵律。到开元五年，唐玄宗又命一行族叔张洽到荆州，硬将一行请出山。玄宗将一行请入皇宫后，问他有什么本领，一行当时特别谦虚，玄宗便叫宦官拿出一本宫女名册，一行浏览一过，便能掩卷背诵，无一遗漏，玄宗称赞一行为圣人。

此后一段时间，一行常留住宫中，玄宗几次询问他安国抚民之道，一行都坦率答对。实际上，一行进京后的主要工作是想研究科学，具体地说，就是研究天文历法。

开元九年，麟德历预报日食不准，表明误差已越来越大，应及早修正。唐玄宗便把这一任务交给一行，要他考证先前历法，修改编撰新的历法，一行受命后不是对旧历进行简单的增改，而是决心在实测日月行星运行情况的基础上另编新历，为此，一行受命之初，便要求重造已失的黄道游仪和水运浑天仪，新造的这两种仪器是在当时著名的机械师梁令瓒和一行共同努力下完成的。这两种仪器虽是分别脱颖于唐初天文学家李淳风所作的浑仪和东汉张衡所作的水运浑天仪，但又有所创新和发展。他们在水运浑天仪上安上自动报时器，这实际上是世界上最早的机械钟。在漏壶的制作方面，梁令瓒、一行等设计了平行联动装置，实际上也是最早的擒纵器。

开元十三年、十四年，一行分别派人到北起铁勒(今俄罗斯贝加尔湖附近)，南起林邑(今越南中部)的十三个地点，测量地理纬度，冬、夏至和春、秋分日影长度，以及冬、夏至昼夜漏刻长度，为编造新历提供必要数据。一行等实测的子午线长度与近代测量结果相比虽有一定误差，但它毕竟是世界上第一次实测子午线，其意义自然不可低估。这一实测工作的意义还在于，它以实测结果再次推翻了《周髀算经》的说法，从而完全否定了盖天说的理论，进一步确立浑天说的稳固地位。

经过几年的准备，一行从开元二十三年着手编修新历，到开元二十五年完成草稿，同年一行去世。遗著经张说、陈玄景等人整理编定，共五十二卷。其中包括：专题探讨、评说古今历法优劣的《历议》十卷；研究前代各家历法的论集《古今历书》二十四卷；翻译、研究印度历法的《天竺九执历》一卷；新历法本身的各种数值表《立成法》十二卷；推算古今若干年代日月五星位置的长编《长历》三卷以及新历法本身《开元大衍历经》一卷。这些论著构成了一个内容丰富多彩、结构严谨完善的体系，为我国历法史上的一大创举，这就是一行的《大衍历》。

一行的《大衍历》比过去有许多创新，大衍历第一次以表格形式给出了二十四节气的食差值，首创了九服食差的近似计算法，还首次提出九服晷漏的近似计算法。一行确立的不等间距的二次内插公式，这也证明一行具有很高的数学造诣。

由于一行对我国的天文历法研究做出不可磨灭的贡献，所以一行圆寂后，唐玄宗赐封他“大慧禅师”美称，并亲自书写题字为一行制作碑文，实际上，一行的成就对世界的影响无疑也是中华民族的骄傲。

【专家品析】

一行制定新历法，花了七年的时间，参考了大量的资料，做了许多实测，又制作仪器，以严谨的科学精神，终于写成《大衍历》。一行在天文、历法、仪器制造和数学等方面都有很大的功绩，是一位在中国科学技术史上卓有建树的著名天文学家。

一行在世时，曾发明了不少观测天象的仪器，并修正了多颗恒星的位置，当然更重要的是他在开元年间成功地测量了子午线。在唐朝时能操作的以上工程，现在看来不可思议。一千多年后，为纪念这位出色的中国古代天文学家，国际小行星组织将一颗星星命名为“一行小行星”。

【科学成就】

从开元十三年起，一行开始编著《大衍历》，历时两年完成。一行不幸去世时年仅四十五岁。《大衍历》后经人整理成书。从开元十七年起，根据《大衍历》编算成的每年的历书颁行全国，经过检验，《大衍历》比唐代已有的其他历法都更精密。

20 茶山御史精茶道，茶经三卷后世传（陆羽·唐）

【生平简介】

姓名：陆羽。

字：鸿渐。

出生地：唐朝复州竟陵（今湖北天门市）。

生卒年：733—804年。

身份：唐代著名文人，茶圣。

主要成就：为中国茶业和世界茶业发展作出了卓越贡献。

【名家推介】

陆羽（733—804），字鸿渐，汉族，唐朝复州竟陵（今湖北天门市）人，号“茶山御史”。他一生爱茶，并精于茶道，对中国茶业和世界茶业发展做出了卓越贡献，被誉为“茶仙”，尊为“茶圣”，祀为“茶神”。

陆羽对茶叶有浓厚的兴趣，并长期实施调查研究，熟悉茶树栽培、育种和加工技术。他隐居江南各地后，一心撰写《茶经》三卷，使之成为世界上第一部茶叶专著。《全唐文》有《陆羽自传》。

【名家故事】

陆羽大约出生于唐玄宗开元二十一年，幼年时被丢弃在天门竟陵的一座小石桥下，当时竟陵龙盖寺主持智积禅师路过小桥时，听到群雁哀鸣和婴儿的啼哭声，禅师寻下桥去看，发现一个婴儿冻得瑟瑟发抖，啼哭不止，一群大雁唯恐婴儿受冻，都张开翅膀为婴儿遮挡寒风，于是禅师抱回婴儿到寺中抚养。后人把这座小石桥称为“古雁桥”，桥附近的街道，称为“雁叫街”，街口的一座牌坊称为“雁叫关”。

因为婴儿无姓无名也无法知道父母是谁，智积禅师便用《易经》卜卦，为婴儿取名，禅师按照卦辞为婴儿定姓为“陆”，取名为“羽”，字“鸿渐”。此事在《唐国史补》和《新唐书陆羽传》中均有记载。

陆羽长大后，智积禅师教他学文识字，习诵佛经，还教他煮茶。陆羽虽然生长在寺庙之中，与古佛青灯黄卷为伴，但他执意不愿削发为僧。智积禅师见陆羽桀骜不驯，罚他扫寺院、洁僧厕，但陆羽没有屈服，于12岁那年逃离了寺院。

陆羽虽然相貌丑陋，且有口吃，但他聪明过人，且机智幽默，不但演丑角很成功，后来还编写了三卷笑话书《谑谈》。唐天宝五年，河南尹李齐物被贬为竟陵太守，李齐物到任之后移风易俗，励精图治，且慧眼识英才，他十分赏识陆羽的才华和抱负，并且非常同情陆羽的身世。李齐物不仅赠送诗书给陆羽，而且介绍陆羽去火门山邹夫子处读书。陆羽在读书之余，常在龙尾山采野生茶，为邹夫子煮茶。邹夫子看他爱茶成癖，便请人在火门山南坡凿了一眼井，后人称为“陆子泉”。此井清澈如镜、甘洌醇厚、四季常盈，现在佛子山镇的村民们仍用此泉饮用和灌溉。火门山求学，使陆羽真正开始了学子生涯，这对陆羽后来成长为唐代著名文人、被尊为“茶圣”具有不可估量的意义。

唐天宝十年，礼部郎中崔国辅被贬为竟陵司马，在这一年，陆羽也告别了邹夫子离开了火门山。崔国辅比陆羽足足年长46岁，但这一老一少，一官一民却结为“忘年之交”。他们交游三年，常在一起品茶鉴水、谈诗论文，友谊至深。唐天宝十三年陆羽为考察茶事，出游巴山峡川，行前崔国辅以白驴、乌牛及文槐书函相赠。

唐天宝十四年，安禄山在范阳起兵叛乱，陆羽随着陕西涌向南方的难民渡过了长江，沿着长江对湖北、江西、江苏、浙江等地的江河山川和风物特产，尤其是茶园名泉进行了实地考察。至德二年春，陆羽流落到太湖之滨的无锡，到无锡后，陆羽结识了无锡县尉皇甫冉。后来陆羽来到吴兴，结识了唐代有名的诗僧皎然，陆羽与皎然心灵相通，相见恨晚。陆羽与皎然的佛俗情缘达到了生死超然的境界，他们的情谊亦被载入了《唐才子传》，为后人所仰慕。

上元元年，陆羽结庐苕溪之滨，开始了他闭门著书的生活，在他隐居期间，一方面继续游历名山大川访泉问茶，广泛搜集资料，一方面同名僧高士保持交往，寻求知音，共研茶道。在结庐苕溪的第二年，陆羽撰写了《陆文学自传》。由于陆羽的诚信人品以及对佛学、诗词、书法的造诣，特别是渊博的茶学知识和高超的烹茶技艺，为他在浙江湖州士官僧俗各界赢得了崇高的声望。特别是永泰元年，陆羽的《茶经》初稿完成后，社会名流们争相传抄，广受好评，使得陆羽的声誉大增。

陆羽划时代的科学巨著《茶经》写作过程前后经历了近三十年时间。据《中国茶文化今古大观》考证：陆羽著《茶经》经过学茶启蒙阶段、鉴泉品茶阶段、江南考察和闭门著书阶段以及修改充实成书阶段，直到建中元年左右才完成。陆羽以他的人品和丰富的茶学知识名震朝野，朝廷曾先后两次诏用陆羽，陆羽都婉言拒绝。在成名后的晚年，陆羽依然是四处品泉问茶，先后到过绍兴、余杭、苏州、无锡、宜兴、丹阳、南京、上饶、抚州等地，最终又返回湖州。于贞元末年，陆羽走完了他的人生之路，悄然逝去，葬于浙江湖州市郊区东南约三十公里处的杼山。

【专家品析】

陆羽把中华民族的五行阴阳辩证法、道家天人合一的理念、儒家的中和思想等博大精深的精神浓缩在一碗茶汤之中，他对中国茶文化贡献之大无人比拟，所以他死后被誉为“茶圣”，奉为“茶神”，尊为“茶仙”。

陆羽对茶学的主要贡献归纳为四个方面：一是著述《茶经》，创立了中国茶道；二是推动了茶叶生产的发展；三是推动了中国茶文化的发展；四是为后代茶人树立精行俭德的榜样。

【科学成就】

陆羽所著《茶经》三卷十章七千余字，是对唐代和唐以前有关茶叶的科学知识和实践经验的系统总结；陆羽躬身实践，取得茶叶生产和制作的第一手资料后，又遍览群书，广采博收茶家采制经验的结晶。《茶经》一经问世，即风行天下，为时人学习和珍藏。

21 天文机械制造家，药学经典本草图（苏颂•北宋）

【生平简介】

姓名：苏颂。
字：子容。
出生地：泉州同安。
生卒年：1020—1101年。
身份：天文学家、药物学家　、宰相。
主要成就：著有《图经本草》、《新仪象法要》等。

【名家推介】

苏颂（1020—1101），字子容，汉族，福建泉州南安人。宋代天文学家、天文机械制造家、药物学家。

苏颂勤于攻读，精通经史，他学识渊博，阴阳、五行、星历、山经、本草无不钻研。苏颂作为历史上的杰出人物，其主要贡献是在科学技术方面，特别是在医药学和天文学方面的突出贡献，以制作“水运仪象台”闻名于世。

【名家故事】

苏颂在掌握张衡、一行、张思训等的科技成果之后所作出的新创造，突出地表现在他所研制的水运仪象台上，苏颂和韩公廉在完成水运仪象台之后，又研制了一台单独的水力推动的浑天象。为了能更直观地理解星宿的昏晓出没和中天，苏颂又设计出一种假天仪，人钻入天球内观看，在天球上凿孔为星，十分逼真。这是我国历史上第一架有明确记载的假天仪，它的创造性也是前无古人的。

苏颂第一次领导科技工作是从嘉祐二年任校正医书官开始的。最初他参与编撰《嘉祐本草》，后来又领导《图经本草》的编写工作。他在领导这一工作时采用了发动广大医师和药农呈送标本和药图，并写出详细说明的方法，改变了以往从书本到书本的脱离实物的弊病，从而为纠正药物的混乱与差错做出了重大贡献。

苏颂做科技工作时，不但指导全局，而且亲自动手，不怕烦琐，不畏劳苦。《图经本草》的标本、药图和说明文字来自四面八方，为整理这堆积如山、其乱如麻的原始材料，他提出了六项原则。苏颂的前三项原则是想尽一切办法把问题研究明白；后三项原则是实事求是，既不轻易舍弃来自基层的资料，也不急于作出判断，而是两种并存或互相借鉴，这也是他的工作能取得重大成就并经受住时间考验的一个重要原因。

由于采取上述原则，苏颂经过统一整理，重加撰述，终于在嘉祐六年完成了流传至今的第一部有图的本草书。

苏颂第二次领导科技工作是元祐元年十一月受命组成了“详定制造水运浑仪所”，研制水运仪象台。这个机构的组成人员都是经过他的寻访调查或亲自考核，而确定下来的。苏颂接受这项科技工作后，首先是四处走访，寻觅人才。他发现了吏部令史韩公廉通《九章算术》，且知晓天文、历法，立即奏请调来专门从事水运仪象台的研制工作。接着，他走出汴京到外地查访，发现了在仪器制造方面学有专长的寿州州学教授王沇之，然后，又考核太史局和天文机构的原工作人员，选出周日严、于太古、张仲宣等，协助韩公廉工作。

苏颂发现人才后，还进一步放在实践中加以考察。调来韩公廉后，他经常与韩公廉讨论天文、历法和仪器制造，苏颂让韩公廉写出书面材料。不久，韩公廉写出《九章勾股测验浑天书》一卷。苏颂详尽阅读后，命韩公廉研制模型。韩公廉又造出木样机轮一座。苏颂对这个木样机轮进行严格实验，并报请皇帝。

苏颂对研制工作是慎之又慎的。他认为，有了书，做了模型还不一定可靠，还必须做实际的天文观测，才能进一步向前推进，以免浪费国家资财。经过多次实验证明韩公廉的设计是准确的，于是在元祐三年五月造成小木样呈进皇帝，宋哲宗指派翰林学士许将等进行试验和鉴定。这时苏颂才开始正式用铜制造新仪，经过三年零四个月的工作，终于制成了水运仪象台。

苏颂领导科技工作的一大特点是能深入钻研业务，力求精通他主管的工作。嘉祐初年领导编写医书时，他研读了从《内经》到《外台秘要》的历代医药著作，并亲自校订了《神农本草经》等多种典籍，使自己通晓了本草医药知识。他领导研制水运仪象台期间，对两汉、南北朝、唐、宋各代的天文著作和仪器也作了研读与考察。他还勤于向自己的下属学习，如向韩公廉请教历算，与局生亲量圭尺，和学生躬察漏仪。由此，他从一个对天文仪器、机械设计、本草医药知之不多的外行，变成了名副其实的专家。

苏颂在天文仪器、本草医药、机械图纸、星图绘制方面，都能站在时代的前列，他善于集中群众的智慧，组织集体攻关；善于发现人才，并大胆地提拔任用人才；勤于实验，设计多种方案，反复进行实验；勇于实践，大胆地进行全国性药物普查；尊重科学，实事求是，一时研究不通的问题，宁可存疑，绝不牵强，以上这些都体现了他在科学上的开拓进取和创新精神。

【专家品析】

苏颂是宋朝时的宰相，为政清廉，勤政爱民，当官近六十年，为后人留下很多科学著作。作为一位政治家、外交家、天文学家、药物学家、文学家、历史学家，苏颂流传后世的是首创的世界第一座天文钟“水运仪象台”模型。他首创的“水运仪象台”获得三项世界第一。

他所撰写的《本草图经》开创了现代医学气雾疗法的先河，同时也是现代分析化学鉴别法的创始者。不仅如此，图文并茂的《本草图经》还对矿物学、地学、动植物药学、地理学、历史学有着广泛的涉猎和研究。此外，本书所运用的科学方法集中了比较法、鉴别法、普查法、实践法、求是法于一体，堪称对后世医学发展具有影响的一部本草学巨著。

【科学成就】

天文学家苏颂创建的“水运仪象台”是中国古代一种大型的天文仪器，它是集观测天象、演示天象、计量时间的漏刻和报告时刻的机械装置于一体的综合性观测仪器，就是一座小型的天文台。这台仪器的制造水平堪称一绝，充分体现了我国古代人民的聪明才智和富于创造的精神。

㉒ 活字印刷发明人，造福世界科技魂（毕升·北宋）

【生平简介】

姓名：毕升。

别名：毕晟。

出生地：北宋淮南路蕲州蕲水县直河乡（今湖北英山县草盘地镇）。

生卒年：约970—1051年。

身份：发明家。

主要成就：发明活字版印刷术。

【名家推介】

毕升（约970—1051），汉族，北宋淮南路蕲州蕲水县直河乡（今湖北英山县草盘地镇五桂墩村）人，一说为浙江杭州人。中国发明家，发明活字版印刷术的科学家。

毕升发明了胶泥活字印刷术，被认为是世界上最早的活字印刷技术，活字印刷术的发明，是印刷史上的一次伟大革命，为我国古代四大发明之一，它为我国文化经济的发展开辟了广阔的道路，毕升为推动世界文明的发展做出了卓越贡献。

【名家故事】

北宋，国都汴梁的大街上，车水马龙，热闹异常。坐落在东门大街上的万卷堂书坊也是人来客往，生意十分兴隆。然而，书坊的雕刻工场里却鸦雀无声，几十个雕刻匠人正伏在桌子上聚精会神地雕刻着雕版。万卷堂书坊是汴梁城里最大的一个专营雕版印刷的手工业作坊。所谓雕版印刷就是先把文字抄在半透明的纸上，再把纸反贴在一块枣木或梨木板上，然后进行雕刻，雕刻好的木板就成了雕版，用它来进行印刷就是雕版印刷。

在这些工人中有一个三十多岁、脸庞清瘦的青年，他身着半旧不新的粗麻布衣服，浓黑的眉毛下嵌着一对炯炯有神的大眼睛，他就是毕升。小时候，他家里很穷，上不起学，他便在学堂窗外偷听老师讲课，在书坊雕刻常偷看匠人们刻雕版，他勤奋好学，天天读书写字，什么真、草、隶、篆、甲骨文都学着写。没有钱买纸笔就在地上、墙上练习。因此，不到十五岁，就认识了不少字，而且练就了一笔好字，现在他是一个技术精通的刻版匠人，正为如何改革雕版印刷而努力。

一天，他对大家说："师傅们，这种雕版印刷方法非改革不可，我毕升有这个决心。希望大家出点子，想办法，多多帮助。"

"怎么改？好多能人都改不了，何况咱们呢。""别异想天开了，还是老老实实刻我们的字吧。"大家七嘴八舌好一阵子也没出个好主意。

毕升却没有停止思考，经过几个月的苦苦思索，忽然从图章上受到了启发。他想，像图章一样，一个方块刻一个字，然后排列起来，粘在一起，不是和雕版一样了吗？这时已经是1048年的冬天了。虽然天气很冷，他仍然伏在桌上，用小刀在一块块半寸见方的小木块上刻着字，手冻僵了，就用嘴嘘嘘热气再刻。就这样，他白天上工，晚上刻字，三千多个常用字终于刻完了。

天刚亮，毕升就起来了，急急忙忙吃过早饭，便背着个大柳条筐，跨进了万卷堂书坊的雕刻工场。他兴奋地说："诸位师傅，我用了几个月时间，已经把木活字刻好了。今天我想实验一下，请大家指教。"

大家听了毕升的话，都有点儿惊奇，有的人带着半信半疑的神情从筐里拿出了几个木活字问："用这个东西有什么好处呢？" 毕升不急不忙地说："活字印刷，印完了可以把字拆下来，下次再用。这不是比雕版印刷好吗？""字这么多，你怎样把需要的字一个一个拣出来呢？""请大家仔细看，我是把字按读音归类的。一种韵部一个类，同一类的字放在一个盘子里，然后再按部首笔画排出顺序，拣起来是十分方便的。”“可是，怎样把字排在一起又使它们不分开，而且使字面平整呢？”当看到毕升把木活字夹在一块有方格的铁框板里，用烧化了的松香之类的东西把没有字的一头粘在铁板上，拼成了一块活字版后，大家不住地点头称赞。

毕升在字上涂了油墨，开始印刷了，可是印着印着，字迹渐渐变大，笔画也越来越模糊了。原来是选用的木材出了问题。有个师傅说：“我想，最好能用一种既便于雕刻又不吸水的东西代替，可它又不是木料。到底是什么我一时想不出。”他的话引起了大家的兴趣，你一言我一语，纷纷议论起来。这时，毕升看到一个年轻工匠手中的茶壶，心中猛然一动，脱口而出：“有了！有了！”

大家听了毕升的话都有点莫名其妙。毕升镇静了一下，微笑地说：“我看到了茶壶，猛然想起制活字的东西来了。如果用胶泥弄成坯刻上字，再放进窑里煅烧，不就可以制成不吸水又不易变形的活字了吗？”

后来毕升来到了离京城不远的一个地方，这里出产一种土质细而黏性强的泥土。在窑场工人们的帮助下，世界上第一批泥活字就这样在一个平民手中诞生了！

在大家的祝贺声中，毕升进行了活字印刷的表演。只见他从屋里取出一个有方格的铁框板，又从衣兜里掏出一包松香均匀地铺在上面，然后，便把铁框板放在炉子上加热。松香一遇热就熔化了。这时，毕升按着一位师傅递过来的一篇文章迅速把活泥子从字盘中拣出来，依次放进铁框。不一会儿，铁框内就排满了字。毕升把铁框板从火炉上拿下来，迅速用一块平平的木板在字面上轻轻压了压，字面就平整了。松香一凝固，一框泥活字也就整齐地粘在一起，非常牢固。 看到这里，大家齐声叫起好来。

毕升仔仔细细把墨均匀地涂在字面上，然后小心翼翼铺上白纸，熟练地印起来。一张，两张，十张，百张……一连印了三百张，张张都很清楚。周围的人都非常激动，活字印刷完全实验成功了，我国及世界印刷史上一次划时代的革命成功了。

【专家品析】

毕升活字印刷术的发明，是印刷史上的一次伟大革命，是我国古代四大发明之一。毕升为我国文化经济的发展开辟了广阔的道路，为推动世界文明的发展做出了重大贡献。

不管现代印刷技术如何先进，都是在这个基础上发展起来的，都是为了加快印刷速度，提高印刷质量。这种方法很快传遍世界，使印刷技术发生了巨大变革。现在的凸版铅印，虽然在设备和技术条件上是宋朝毕升的活字印刷术所无法比拟的，但基本原理和方法都来源于毕升的创造，毕升不愧为活字印刷术之父。

【科学成就】

毕升是活字印刷术的发明者，从13世纪到19世纪，毕升发明的活字印刷术传遍全世界，全世界人民称毕升是印刷史上的伟大革命家，活字印刷术是中国古代四大发明之一。

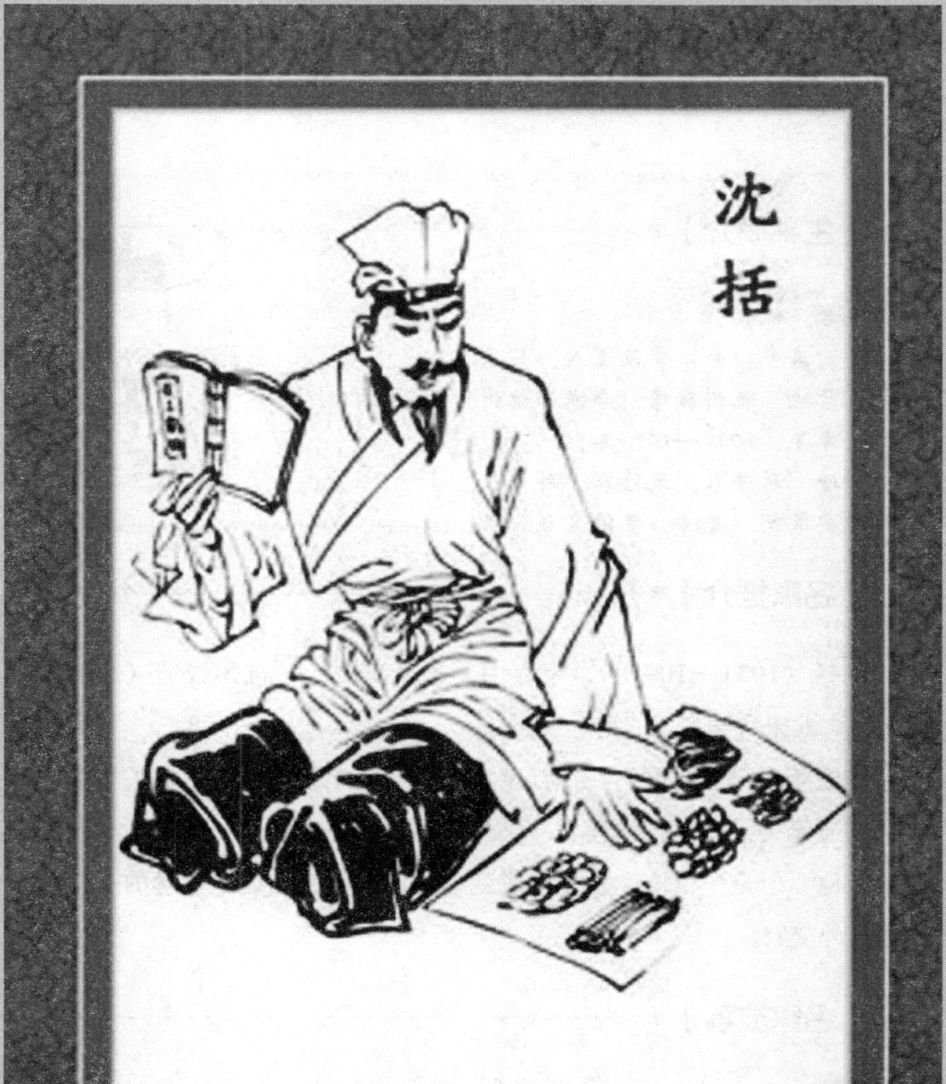
沈括

23 中国科学一坐标，世界文化有其人（沈括·北宋）

【生平简介】

姓名：沈括。

字：存中；号：梦溪丈人。

出生地：杭州钱塘（今浙江杭州）。

生卒年：1031—1095年。

身份：科学家、政治家、外交家。

主要成就：著有《梦溪笔谈》等。

【名家推介】

沈括（1031—1095），字存中，号梦溪丈人，杭州钱塘（今浙江杭州）人，北宋科学家。

他晚年以平生见闻，在镇江梦溪园撰写了笔记体巨著《梦溪笔谈》。沈括精通天文、数学、物理学、化学、地质学，气象学、地理学、农学和医学。他不但是一位博学多才、成就显著的科学家，还是卓越的工程师、出色的外交家。

【名家故事】

1031年，沈括出生在杭州钱塘，自小就跟随在外为官的父亲四处奔波，饱览了华夏大好河山和风俗民情，视野和见识都比一般同龄孩子开阔得多，兴趣爱好也广泛得多。日月星辰、山川树木、花草鱼虫……没有他不喜欢琢磨的。

沈括18岁的时候，父亲去世了，家计顿时艰难起来。沈括不得不外出谋生，到海州沭阳县当了主簿。从那时起，政务便占据了这位天才科学家的一生大部分时间。但是，无论仕途多么险峻，宦海如何浮沉，公务怎样繁忙，他得志也罢，失意也罢，都从未放弃过科学研究。凭着超凡的意志、敏锐的观察力和过人的精力，他不停地攀登，终于达到了一个光辉的顶点。

在天文学方面，沈括制定了《奉元历》，制造了新的天文仪器，把天文研究又推向一个新的高峰。此外，最突出的贡献是他发明了“十二气历”。按中国古代历法，阴历和阳历每年相差十一天多，古人虽采用置闰的办法加以调整，但仍难做到天衣无缝。沈括经过周密的考察研究，提出了一个相当大胆的主张：废除阴历，采用阳历，以节气定月，大月三十一天，小月三十天。如今，沈括所提倡的阳历法的基本原理，已为世界各国接受。此外沈括还发现了磁偏角的存在，比欧洲早了四百多年。

沈括在地理学方面也有许多卓越的论断，反映了我国当时地理学已经达到了先进水平。在雁荡山，沈括发现了一个奇怪的现象：不少名山，都是从岭外便能望得见峰顶，而雁荡山却不然，只有置身山谷，才能看到高耸入云的各个山峰。经过再三琢磨，沈括得出了结论：是山谷中的大水，将泥沙冲尽之后，这些巨石才高峻耸立、拔地而起的。而且，雁荡山的好多独特景观，如大小龙湫、初月谷等，也都是大水长年累月冲凿的结果。由此，他联想到西北那土墩高耸的黄土区，和雁荡山的成因相同，也是大自然的杰作，只不过一个是石质、一个是土质而已，沈括关于因水侵蚀而构造地形的观点，详细地了解并论述了地貌变化。另外，在冲积平原成因的解析方面，在“化石”的命名以及地形测量和地图绘制等方面，沈括的贡献也极有价值。

沈括在数学方面的贡献是他发展了《九章算术》以来的等差级数，创造了新的高等级数求和法。比如，酒店里常把酒桶堆成长方台形体，从底层向上，逐层长宽各减一个，看上去四个侧面都是斜的，中间自然形成空隙，这在数学上称为“隙积”。数学上又把计算中间空隙的体积的方法，叫做“隙积术”。沈括是历史上第一个发明“隙积术”的人。此外，几何学中，他还发明了会圆术，即从已知圆的直径和弓形高度来求弓形底和弓形弧的方法。

另外，在物理学、光学、声学、生物医学、化学等诸多科学领域内，沈括也有很深的造诣。一次，沈括的妻子刚推开楼上房间的门，猛听得案上的古琴发出“铮铮”的弹奏声，吓了一大跳，忙唤丈夫前来观看，沈括四下一望，见院墙外面正有一支迎亲队伍穿街而过，鼓乐声还不绝于耳。

“原来如此。”沈括和妻子进入房中，命仆人取来另一架琴，又用剪刀剪了个小纸人，贴在琴弦上，然后，他走到原来的古琴旁，用手指用力拨动琴弦，结果，那贴在另一架琴上的纸人竟颤巍巍跳动起来，同时弦上发出“铮铮”的声响。“瞧见了吗？这就是声学上的共振现象。如果琴弦音度相同，拨动一架琴上的弦，另一架琴上相应的弦就会振动，发出声音。刚才街上娶亲的鼓乐声传来，你正开门，引起古琴的共鸣，就是这个道理。”沈括为研究琴瑟谐振现象而做的这种小实验，欧洲人直到17世纪才想到。

沈括晚年退出政坛，隐居在江苏镇江梦溪园，潜心笔耕，写出了伟大的科学巨著《梦溪笔谈》。这是一部反映当时科技发展最新成就、内容丰富的著作，充分显示了沈括的博学多闻和旷世才华。书中涉及数学、物理、化学、天文学、地学、生物医学、工程技术等许多学科，共六百零九条记述。

1095年，65岁的沈括走完了他光辉人生的最后里程。为了纪念他，1979年7月1日，中国科学院紫金山天文台将该台在1964年发现的一颗小行星2027命名为“沈括星”。

【专家品析】

沈括知识渊博，天文地理、数理化、医药以及文学艺术无不通晓。他在科学研究上涉猎范围之广，见解之精辟，都是同时代人所望尘莫及的，他从事的许多项目都代表了时代的水平，具有世界历史意义。

他的著作《梦溪笔谈》不仅是我国古代的学术宝库，而且在世界文化史上也有重要的地位。被英国科学史家李约瑟评价为“中国科学史上的坐标”和“中国科技史上的里程碑”。同时他也被世界历史学界评为中国科学史上最卓越的人物之一。

【科学成就】

沈括精研天文，提倡的新历法与今天的阳历相似；在物理学方面，他记录了指南针原理及多种制作法；发现地磁偏角的存在；又阐述凹面镜成像的原理；还对共振等规律加以研究；在数学方面，他创立“隙积术”、“会圆术”；在地质学方面，他对冲积平原的形成、水的侵蚀作用等都有研究，并首先提出石油的命名；医学方面，对于有效的药方多有记录，并有多部医学著作留于后世。

24 跨海大桥泉州建，海上丝绸之路开（蔡襄•北宋）

【生平简介】

姓名：蔡襄。

字：君谟。

出生地：原籍仙游枫亭乡。

生卒年：1012—1067年。

身份：北宋名臣，政治家，文学家，书法家。

主要成就：主持建造了我国现存年代最早的跨海梁式大石桥——泉州洛阳桥。

【名家推介】

蔡襄（1012—1067），字君谟，汉族，原籍仙游枫亭乡东垞村，后迁居莆田蔡垞村，先后在宋朝中央政府担任过馆阁校勘、知谏院、直史馆、知制诰、龙图阁直学士、枢密院直学士、翰林学士、三司使、端明殿学士等职，出任福建路转运使，在泉州、福州、开封和杭州等地做过官。

蔡襄为人忠厚、正直，讲究信义，而且学识渊博，书艺高深。卒追赠礼部侍郎，谥号忠。他主持建造了我国现存年代最早的跨海梁式大石桥——泉州洛阳桥。

【名家故事】

在我国历史上有四座闻名于世的古桥：河北的赵州桥、北京的卢沟桥、泉州的洛阳桥和潮州的广济桥。其中论造型、工艺、精巧、美观，洛阳桥难与其他三桥媲美，但它却是唯一的一座跨海大桥，也是四桥中工程量最大、气势最宏伟的。

洛阳桥位于泉州东郊的洛阳江出海口，据说是因为唐宋年间从中原迁居到这里来的士人多来自河洛一带，他们看到这里的山川很像古都洛阳后，便将水称之为洛阳江，而桥也便称之为洛阳桥了。

一千多年前，这里还是一片宽约五里、波涛汹涌的海面，而出海口对面的惠安，传说就是蔡襄的母亲卢氏的家乡。昔日来往两地，都需要坐船，每当遇到风浪，就多天不能过海，更时常有被风浪刮翻的船只，为求平安，于是人们便将渡海的码头称为“万安渡”。

北宋皇祐五年，当时任泉州郡守的蔡襄决定在万安渡修建一座跨海大桥，而且还是他亲自主持了这一浩大的工程。到北宋嘉祐四年十二月，洛阳桥终于得以建成，历时六年零八个月，耗银一千四百万两。

洛阳桥全长三百六十丈，宽约一丈五尺，面对海潮，横跨海口，四十六座巨大的桥墩全部用花岗岩垒筑，而桥面和栏杆则用石板铺设，创造了我国古代建桥史上的一个奇迹。由于这里原称“万安渡”，所以洛阳桥又被称为“万安桥”，如今桥头巨大的岩石上，仍镌刻着“万安桥”三个大字，每个字都有一米见方。

从桥南沿着一条古驿道走上石桥，扑面而来的是一种至今仍让人感到震撼的视觉，桥的右边是大片的海水滩涂，左边是洛阳江，随着海潮的涨落，江水时急时缓地流过古桥。而巨大的桥墩由一块块石头堆砌而成，就像一只只两头尖翘的石船，驮负着沉重的石板。一个个船形的桥墩，带给后世古朴沧桑的味道。古时没有水泥，为了巩固桥基，防止海潮冲刷，人们便在桥墩下养殖牡蛎，通过牡蛎的繁殖和分泌物将一块块石头牢牢地黏合在一起，谁能想到古人有如此神奇的发现、想象和创造力，它们居然经历了近千年海潮的冲击而至今安然无恙。

洛阳桥建有四十六座船形的桥墩，后来由于陆地外移，海潮变迁，随着洛阳江入海口逐渐缩窄，加上明代和20世纪30年代的两次重修，桥身也不断“缩短”，如今只剩下三十一座桥墩八百三十四米长了，尽管如此，如今站在桥头，你仍能感觉到它当年立于海潮之上的雄姿和气势。我国著名的桥梁专家茅以升就曾感叹道：“蔡襄的洛阳桥是福建桥梁中的状元。”

在桥头两侧，还分别立有一座石塔和两个古代武士装束的石头雕像。仔细端详，石人淳朴厚实，面带笑意，不觉威武倒略感可爱，日晒雨淋，真不知道他们站在这里守卫了多少个春秋。桥头南岸有三棵古木，据说都是建桥当年所植的，到现在应该也有近千年树龄了，而浓荫下还建有一座小庙和一座凉亭，亭里竖立着一块“西川甘雨”的石碑，小庙里则陈列着二十多块历代碑刻，多是洛阳桥历代修建的故事和赞叹的词句。另外在桥北还建有昭惠祠，祭祀的据说是护桥的海神，而一座真身庙里则供奉着一位据说为造桥尽瘁的义波和尚。

洛阳桥桥旁的一个古村落，在桥南街尾一条狭窄的小巷里，建有一间红墙黑瓦的古祠堂，牌匾上写着“宋郡守端明殿学士忠惠蔡公祠”，祭祀的正是蔡襄。祠堂始建于南宋庆元年间，历代均有修缮，现存的建筑据说清代所建。祠堂大门虚掩着，推门进去，大厅中央立着蔡襄的塑像，而中亭则立着一块巨大的石碑，上面便是当年洛阳桥建成后蔡襄所撰写的《万安渡石桥记》，它不仅将造桥的年代、桥的长宽、花费的银两等一一交代清楚，而且书法俊美、刻工精致，实在是蔡襄罕见的书法碑刻，人称“三绝”。

据说这篇《万安渡石桥记》的碑文原来镌刻在岸左的崖壁上，北宋宣和年间才拓本立碑，南宋庆元年间修建蔡公祠后方移立祠内，可惜年代久远，字迹多已难以辨认。不过为官一任，造福一方，虽过千年，泉州历任的官员也不知更替了多少，而人们所永远记住的还是修建了我国古代“跨海第一桥”的蔡襄。

【专家品析】

蔡襄任泉郡太守期间，主持修建跨海大桥“洛阳桥”，带领百姓开展植树造林，在通往泉州府的官道上植了七百多里长的松（榕）树林带，多方面创造成发展“南方丝绸之路”的社会环境。

南方丝绸之路，路要摆到重要位置，南方丝绸之路重点在于海上交通。蔡襄小时候到泉州念书已尝受交通的艰辛之苦，因此任泉州大守期间，为贯通南北，更为重要的是促进商品南北流通，蔡襄前后历经七年时间，发动万千工匠，战胜无数难以想象的艰难险阻，建造起闻名世界的“海内第一桥”，我国宋代第一座梁式海港大石桥，极大地促进了海上丝绸之路的发展。

【科学成就】

蔡襄主持建造了跨海的万安桥（后来改称洛阳桥），从北宋皇祐五年（公元1053年）至嘉祐四年（公元1059年）十二月，耗银一千四百万两。桥长三百六十丈，宽一丈五尺，造桥工程规模巨大，大大方便了周边地区的交通往来，特别是海上丝绸之路的诞生起了决定作用。

㉕ 北宋名工一巧匠，木经三卷晚年成（喻皓·北宋）

【生平简介】

姓名：喻皓。
别名：预浩、喻浩、预皓。
出生地：不详。
生卒年：不详。
身份：北宋初年的木结构专家。
主要成就：著有《木经》三卷。

【名家推介】

喻皓，生卒年代不详，又叫预浩、喻浩、预皓，中国古代有名的建筑工匠，五代末北宋初年浙江杭州一带人，是一位出身卑微的建筑工匠。

他长期从事建筑工作，曾主持汴梁(今河南开封)开宝寺木塔的建造，著作有《木经》三卷，可惜已失传，仅在沈括著《梦溪笔谈》中有简略记载。欧阳修《归田录》称赞他是“国朝以来木工一人而已”。他善于建筑多层的宝塔和楼阁。

【名家故事】

北宋初年，中国还没有完全统一，当时占据杭州一带的吴越国王派人在杭州梵天寺建造了一座方形的木塔。当这座塔才建好两三层的时候，吴越王登上去，感到塔身有些摇晃，便问是什么原因，主持施工的工匠自信地回答说：“因为塔上还没有铺瓦，上面太轻，所以有些摇晃。”可是等塔建成铺上瓦以后，人们登上去，塔身还是摇摇晃晃的。这个工匠一时没有办法，生怕被吴越国王责备，后来听说喻皓对建造木塔很有研究，便让妻子前去请教喻皓。喻皓笑着说："这个问题很容易解决，只要每层都铺上木板，用钉子钉紧就行了。"那个工匠照这办法去做，果然塔身稳定，人走上去不再摇晃了。

喻皓提出的办法非常符合科学道理，当各层都钉好木板以后，整个木塔就连接成一个紧密的整体，人走在木板上，压力分散，并且各面同时受力，互相支持，塔身自然就稳定了，这是整体箱形结构的概念。从这个小例子可以看出，喻皓对于木结构的特点和受力情况有比较深刻的认识，虽然他没有亲临现场，但依然能准确地指明问题的关键，说明他的实践经验是很丰富的。

木结构建筑是我国古代的代表性建筑，经过长期的经验积累，到了宋朝，木结构技术已经达到了很高的水平，并且形成了我国独特的建筑风格和完整的体系。但是当时这种技术主要靠师徒传授的办法来传播，还没有一部书籍来记述和总结这些经验，以致许多技术得不到交流和推广，甚至失传。

北宋太平兴国年间，宋太宗想在京城汴梁建造开宝寺十一级木塔，从全国各地抽调了一批能工巧匠和擅长建筑艺术的画家到汴梁进行设计和施工，喻皓也在其中，并且受命主持这项工程。

为了建好宝塔，他事先造了个宝塔模型。塔身是八角十三层，各层截面积由下到上逐渐缩小。当时有一位名叫郭忠恕的画家提出这个模型逐层收缩的比率不大妥当，喻皓很重视郭忠恕的意见，对模型的尺寸进行了认真研究和修改，才破土动工。

在广大劳动工匠的辛勤努力下，端拱二年八月，雄伟壮丽的八角十三层琉璃宝塔建成了，这就是有名的开宝寺木塔。塔高三百六十尺，是当地几座塔中最高的一座，也是当时最精巧的一座建筑物。可是塔建成以后，人们发现塔身微微向西北方向倾斜，感到奇怪，便去询问喻皓是怎么回事。喻皓向大家解释说："京师地平无山，又多刮西北风，使塔身稍向西北倾斜，为的是抵抗风力，估计不到一百年就能被风吹正。”原来这是喻皓特意这样做的。可见喻皓在搞设计的时候，不仅考虑到了工程本身的技术问题，而且还注意到周围环境以及气候对建筑物的影响。

对于高层木结构的设计来说，风力是一项不可忽视的因素，在当时条件下，喻皓能够做出这样细致周密的设计，是一个很了不起的创造。据说开宝寺塔建成后，喻皓曾求度为僧，几个月后就病死在寺院中。可惜的是，这样一座建筑艺术的精品，在宋仁宗庆历年间的一次火灾中被烧毁，没有能够保存下来。

喻皓生前决心把历代工匠和本人的经验编著成书。据说他每天深夜睡到床上，还把手交叉地放在胸口，搭成木结构的形状，考虑怎样进行总结，经过几年的努力,终于在晚年写成了《木经》三卷。《木经》的问世不仅促进了当时建筑技术的交流和提高，而且对后来建筑技术的发展产生了很大的影响。

喻皓能取得这样高的造诣是与他刻苦钻研、谦虚学习的精神分不开的。当时京城里有一座相国寺，是唐朝人建造的,它的门楼的卷檐造得非常巧妙。喻皓每次经过门楼，都要仰起头，仔细观察，研究它的造法。为了弄清卷檐的奥秘，喻皓有时坐下来，甚至躺在地下进行观察和研究。

尽管喻皓在木建筑的设计和制造技术上成就卓越，但在封建社会里，喻皓只是一个出身卑微的建筑工匠，他的成就和著作同其他劳动人民的创造发明一样，根本得不到统治者的重视。后来《木经》失传了，喻皓的事迹也没有被准确地记载于史书中。但是在百姓的心目中，喻皓辛劳一生为我国木制建筑所做的卓越贡献，为他自己建立了高大的丰碑。

【专家品析】

喻皓，这位杰出的工人建筑师对我国古代建筑技术的发展做出了不可磨灭的贡献，《木经》三卷是一部关于房屋建筑方法的著作，也是我国历史上第一部木结构建筑手册。喻皓在书中努力找出各构件之间的比例关系，这对于简化计算、指导设计、加快施工进度等是很有帮助的，也是把实践经验上升为理论的有意义的尝试，表明喻皓很有科学头脑。

【科学成就】

《木经》的问世不仅促进了当时建筑技术的交流和提高，而且对后来建筑技术的发展有很大影响。大约一百年后，由李诫编著的、被誉为中国古代建筑宝典的《营造法式》一书，关于“取正”、“定平”、“举折”、“定功”等部分就是参照《木经》写成的。

26 九章算法注详解，增乘开方高次幂（贾宪·北宋）

【生平简介】

姓名：贾宪。
出生地：不详。
生卒年：不详。
身份：北宋数学家。
主要成就：贾宪三角和增乘开方法。

【名家推介】

贾宪，生卒年代不详，11世纪前半叶中国北宋数学家，他曾撰写《黄帝九章算法细草》九卷和《算法古集》二卷。

他的著作已遗失，但他对数学的重要贡献，被南宋数学家杨辉引用得以保存下来。贾宪的主要贡献是创造了贾宪三角和增乘开方法。增乘开方法即求高次幂的正根法。

【名家故事】

虽然有关贾宪的资料保存下来的并不完整，但从杨辉编录的书籍中，我们仍然可以发现他的一些独到的数学思想和方法，主要有以下两点：

1．抽象分析法。在研究《九章》过程中，贾宪使用了抽象分析法，尤其在解决勾股问题时更为突出，他首先提出了“勾股生变十三图”。他完备了勾股弦及其和差的所有关系，说明他已经抛开《九章》算题本身而对勾股问题进行抽象分析了。

2．程序化方法。程序化方法主要是指探究问题的思维程序、过程和步骤，适用于同一理论体系下，同一类问题的解决。贾宪的“增乘开方法”和“增乘方求廉法”尤其集中地体现了这一方法。贾宪的数学方法论，对宋元数学家产生了深远影响，纵观“宋元四大家”，莫不从中汲取精髓。

贾宪是否从事过数学教学工作，我们不得而知，但就宋初私学活跃以及数学地位而言，不能排除他传授数学知识的可能性。我们知道，古代学者著书立说的目的之一就是教育世人，因此我们有理由探讨贾宪的数学教育思想，从中可以发现他数学教育思想的闪光之处。

1．重视对一般性解法的抽象。“增乘开方法”的两例论述中，可以清楚地看到，剔除数字后得到的就是运算法则，而且这种分析方式是贯穿他著述始终的。贾宪之所以这样做，应该是深受中国古代早已有的“授人以鱼，不如授人以渔”的教育思想影响。

2．注重对知识纲要的概括。贾宪在给出“立成释锁开方法”之后，又提出“增乘方求廉法”并给出六阶贾宪三角，解释开各次方之间的联系。讨论勾股问题则先论“勾股生变十三图”，而后谈论问题的解法，给人以清晰的体系感。他的这些尝试,都体现了对知识纲要的重视，体现在数学教育上，注重对知识纲要的概括，也不失为一种良好的教学方法。

3．系统化的数学教育思想。他的工作是建立在整数集之上的，在此基础上他高度概括了勾股和开方问题，给出了众多其他问题的一般性解法，从中我们隐约可以看到系统化方法的开端。以贾宪的数学知识水平，他不可能不熟知分数，也不会不了解刘徽的求微数思想，只是他对开方开不尽的问题没有研究透彻。因此在他的著述中才回避了分数，目的是把自己掌握的数学知识，系统地传于世人，这在古代数学教育史上是难能可贵的。

4．注重发散性思维的锻炼。贾宪讨论九章各类问题时，不是固守前人的思路和算法，他发现了很多新的计算方法。他提出了“课分法”、“减分法”，以及用“方程术”求差率的方法；在盈不足中，他提出了“今有术”、“合率术”、“分率术”、“方程术”、“两不足术”等方法；在“勾股容方”问题中，他提出“勾股旁要法”，等等。由此可见，贾宪不仅注重概括理论化的研究方法，同时也身体力行地致力于发散性思维的锻炼，这对于知识的创新是大有好处的。

《九章算术》是11世纪以前中国最著名的数学著作。贾宪对于《九章算术》中提出的问题，抽象分析，揭示数学本质；借助程序化，讲解方法的原理；梳理知识脉络；注重知识系统化，避免产生错误理论。这些思想方法对宋元数学家有很深的影响。

贾宪数学成就对后世的影响集中体现在：第一，贾宪的“增乘开方法”开创了开高次方的研究课题，后经秦九韶“正负开方术”加以完善，使高次方程求正根的问题得以解决。还从李冶的天元术(一元一次或高次方程)到朱世杰的四元术(四元一次或高次方程组)的建立，终于在十四世纪初建立起一套完整的方程学理论，使之成为宋元数学界最有成就的课题。第二，贾宪三角的给出，开创了高阶等差级数求和问题的研究方向，朱世杰从“三角”的每条斜线上发现了高阶等差级数求和公式。第三，“增乘开方法”事实上简化了筹算程序，并使程序化更加合理，这对后世筹算、简算乃至算法的改进是有启迪意义的。第四，《九章算法细草》这一著述形式开创了一种数学研究方法，被后世数学家广为借鉴。

【专家品析】

古代学者著书立说的目的之一就是教育世人，因此我们有理由探讨贾宪的数学教育思想。仔细研究《九章算法细草》，贾宪是否从事过数学教学工作我们不得而知，但从宋初活跃的数学地位而言，不能排除他传授数学知识的可能性，从中可以发现他数学教育思想的闪光之处。

数学理论上有突出贡献的主要是三位数学家，刘徽(理论基础的奠定)、贾宪(理论水平的提高)和杨辉(理论的基本完善)，贾宪起着承前启后的作用。另外，魏晋南北朝兴起的数学研究热潮从唐代而中断，贾宪的数学方法论又激发了宋元的数学研究热潮，他起到推波助澜的作用。

【科学成就】

贾宪的主要贡献是创造了贾宪三角和增乘开方法。增乘开方法即求高次幂的正根法。目前中学数学中的综合除法，其原理和程序都与它相仿，增乘开方法比传统的方法整齐简捷，又更程序化，所以在开高次方时，尤其显出它的优越性。

27 儿科之圣幼科祖，小儿药证专著留（钱乙·北宋）

【生平简介】

姓名：钱乙 。

字：仲阳。

出生地：东平郓州（今山东郓城县）。

生卒年：1032—1113年。

身份：著名儿科专家。

主要成就：著有《小儿药证直诀》。

【名家推介】

钱乙（1032—1113），字仲阳，祖籍浙江钱塘（今浙江杭州），后来随祖父北迁东平郓州（今山东郓城县）。

钱乙是我国医学史上第一个著名儿科专家。他撰写的《小儿药证直诀》是我国现存的第一部儿科专著，它第一次系统地总结了对小儿的辨证施治法，使儿科从此发展成为独立的一门学科。后人把《小儿药证直诀》作为儿科的经典著作，把钱乙尊称为“儿科医圣”、“幼科鼻祖”。

【名家故事】

钱乙自幼就精勤好学，认真钻研《内经》、《伤寒论》、《神农本草经》等。特别是《神农本草经》，所下工夫很深。有人拿了不同的药请教他，他总是根据药性和药理的差别，详细地解答。事后一查本草书，果然都很吻合，此外，他把古今有关儿科资料系统地加以研究。在钱乙之前，有关治疗小儿病的资料不多。钱乙在实践中认识到，小儿的生理特点有他的独特性，而病理特征自然和大人有别。所以，要攻克小儿病这道难关，必须对小儿的生理、病理有个正确而全面的认识，他根据多年的临床实践，逐步摸索一整套诊治方法。在诊断上，他主张从面部和眼部诊察小儿的五脏疾病，在处方用药方面，主张柔润的原则。

一次，一个姓朱的人，有个儿子5岁，夜里发热，白天无事，有的医生认为是伤寒，有的医生认为是发热，都没有效果，始终治不好，病情反而更重，到第五天已经达到非常严重的地步。钱乙说：“不能再用你们的法子治了。”他于是拿白术散末一两煎水三升，使病儿白天饮服。姓朱的问道：“饮多了不会泻吗？”钱乙答道：“不渗进生水在里面，是不会泻的。纵使泻也没问题，只是不能用他们的办法治疗了。”姓朱的人又问：“先治什么病？”钱乙说：“止渴治痰、退热清里，都靠这味药。”到晚上，估计药服完了，钱乙看看病儿，说：“可再服三升。”又煎白术散水三升，病儿服完，稍觉好些。第三日，又服白术散水三升，那个病儿再也不渴了，也没有流涎了。接着钱乙给他服两剂补肺散、补肺阿胶汤，由阿胶、牛蒡子、甘草、马兜铃、杏仁、糯米组成，病就完全好了。

钱乙曾经做过一段时间的翰林医官，一天，宋神宗的皇太子突然生病，请了不少名医诊治，毫无起色，病情越来越重，最后开始抽筋。皇帝见状十分着急。这时，有人向皇帝推荐钱乙，于是，钱乙被召进宫内。皇帝见他身材瘦小，貌不出众，有些小看他，但既然召来，只好让他为儿子诊病。钱乙从容不迫地诊视一番，要过纸笔，写了一贴“黄土汤”的药方。心存疑虑的宋神宗接过处方一看，见上面有一味药竟是黄土，不禁勃然大怒道：“你真放肆！难道黄土也能入药吗？”钱乙胸有成竹地回答说：“据我判断，太子的病在肾，肾属北方之水，按中医五行原理，土能克水，所以这病就该用黄土。”宋神宗见他说得头头是道，心中的疑虑已去几分，正好这时太子又开始抽筋，皇后一旁催促道：“钱乙在京城里颇有名气，他的诊断很准确，皇上不要担心。”于是，皇帝命人从灶中取下一块焙烧过很久的黄土，用布包上放入药中一起煎汁。太子服下一贴后，抽筋便很快止住。用完两剂，病竟痊愈如初。这时，宋神宗才真正信服钱乙的技术，把他从翰林医官提升为很高荣誉的太医丞。

钱乙由于对小儿科作了四十年的深入钻研，终于摸清了小儿病诊治的规律，积累了丰富的临证经验，著有《伤寒论指微》五卷，《婴孺论》百篇等书，但皆遗失没传于后世。现存的《小儿药证直诀》，或叫《小儿药证真诀》是钱乙逝世后六年，由他的学生阎季忠将他的医学理论、医案和经验方，加以搜集整理，于1119年编成的。此书共三卷，上卷言证，中卷为所治病例，下卷为方剂。该书最早记载辨认麻疹法和百日咳的治疗；也是最早从皮疹的特征来鉴别天花、麻疹和水痘，记述多种初生疾病和小儿发育营养障碍疾患，以及多种著名有效的方剂；还创立了我国最早的儿科病历。此书为历代中医所重视，列为研究儿科必读之书。它不仅是我国现存最早的第一部系统完整的儿科专著，而且也是世界上最早的儿科专著。《四库全书目录提要》称钱乙的书为“幼科之鼻祖”。

此外，钱乙在《内经》、《金匮要略》、《中藏经》、《千金方》的基础上，将五脏辨证方法运用于小儿，为儿科临床治疗提出了辨证方法，对中医脏腑辨证学说的形成做出了贡献。

一天，钱乙早上起来，为自己把了一下脉象。随后，他吩咐家人通知自己的全部亲属过来，钱乙跟他们一一对话后，叫家人为他准备一套干净的衣服，换好后，他叫家人自己去忙。他静静地坐在床上，看着庭院里的小孩高高兴兴地玩耍，自己仿佛回到童年。慢慢地，他闭上了眼睛。享年82岁。

钱乙一生为小孩治病，治好了无数的孩子，在他生命的尽头，回到了童年，无疑是最好的结局。他没有一个美好的童年，却没有失去博爱的心，把博爱的心播撒给每一个孩子，不愧是一代名医。

【专家品析】

钱乙在儿科学方面的成就为后人称许，而且对中医辨证学、方剂学均有较大影响。他奠定了中医史上儿科的专业地位，他一生妙手仁心，从他身上我们看到了中医医道的博大与慈爱。

钱乙在儿科学方面的成就流传后世，但限于当时的医疗水平，不可能十分完善。诸如其创立六味丸以补肾，仅重视了肾阴亏乏的一面，而忽略了肾阳虚衰的一面。也正因为如此，后世才在他的基础上逐渐加以发展，使之不断完善，这也确立了钱乙在中医学发展史上承前启后的历史地位。

【科学成就】

钱乙的著作很多，但唯有《小儿药证直诀》一书保存和流传下来，此书最能代表他的学术水平。在儿科方面，他富有独到经验，他对小儿的生理、病理特点掌握得十分清楚，并根据小儿的生理、病理特点，提出了小儿的五脏辩证论治理论，对后世的影响很大，推动了后世儿科理论的发展。

28 一生著述散遗失，建筑百科营造法（李诚·北宋）

【生平简介】

姓名：李诚。

字：明仲。

出生地：河南新郑。

生卒年：1035—1110年。

身份：科学家、土木建筑家。

主要成就：著有《营造法式》、《续山海经》、《琵琶录》、《续同姓名录》。

【名家推介】

李诚（1035—1110），字明仲，郑州管城县(今河南新郑)人。中国古代土木建筑学家，《营造法式》一书的编纂者。

他一生从事宫廷建筑营造工作，历任工程主簿，官至工程监管等。在任期间曾先后主持五王邸、辟雍、尚书省、龙德宫、棣华宅、朱雀门、景龙门、九城殿、开封府廨、太庙、钦慈太后佛寺等十余项重大工程的建设工作。

【名家故事】

元丰八年，宋哲宗赵煦继位，李诚奉父亲的命令，进献贺表并送礼物，于是被皇帝任命为郊社斋郎的职位。随后他即被委派为曹州济阴（今山东菏泽）县尉。李诚到任后，训练士兵，整顿治理地方，赏罚分明，使县内治安状况得到根本改善。元祐七年，他被调任工程主簿。此后，他长期在工程方面任职。绍圣三年升任工程主管，崇宁元年升工程少监。崇宁二年出任京西转运判官，但做判官没有几个月，又被召回仍为工程少监。崇宁三年，升任这一机构的最高长官——工程高级管理。

李诫在负责工程期间，主持完成了不少宫廷和官府的建筑工程，如五王邸、龙德宫、棣华宅、朱雀门、九成殿、太庙、钦慈太后佛寺、辟雍、尚书省、开封府廨、班直诸军营房等。由于他在建筑工程上的业绩十分突出，因而官阶屡升，从承务郎、承奉郎一直到右朝议大夫、中散大夫、共升迁十六级。

李诫在建筑技术和工程管理方面积累了丰富的经验，于是在宋哲宗绍圣四年，奉旨重新修编《营造法式》，于元符三年编定成书。约在崇宁五年，李诫父亲李南公病重，他请假回归故里看望。不久，父亲病逝。约在大观三年他孝满三年之后，被派往虢州担任知州，到任时间不长，就得了重病，于大观四年二月不幸中年早逝，安葬于郑州梅山。

李诫一生主持营建多项重要的建筑工程，成就是很突出的，而他最大的贡献则是编写《营造法式》。《营造法式》全书共三十六卷，除看详、目录各一卷外，正文有三十四卷，合计三百五十七篇，三千五百五十五条目，内容分为建筑术语考证与解释、各项制度、工程期限和用料以及建筑图样四部分。

《营造法式》正文第一、二卷为“总释”上、下，共四十九篇二百八十三个条目。主要是编列经史群书中关于建筑物及其构件名称的诠释及有关史料。第三卷至第十五卷为各项制度，列举了壕寨、石作、大木作、小木作、雕作、旋作、锯作、竹作、瓦作、泥作、彩画作、砖作、窑作等十三个工种或工序的建筑工程标准做法。由于中国古代建筑以木结构为主，因此在《营造法式》提到的制度中，对大木作，包括各种建筑物的梁柱、檩椽、斗拱、飞昂等的选材、规格、加工和安装等叙述最为详尽。而对小木作，如门窗、栏杆、照壁、藻井、佛道帐等装修技术，介绍得也相当广泛和细致。第十六卷至第二十八卷为工程期限和用料，依照四十三种制度的内容，分别指出相应需用的各种人工数和木料、砖瓦、铁件、颜料等物料数，这相当于今天所谓人工材料定额。第二十九卷至第三十四卷为各项制度图样。《营造法式》用了六卷篇幅，绘出大量的建筑设计图。其中包括殿阁、屋舍、亭榭等各种建筑物及其物件的平面图、立面图、剖面图以及门窗图案，彩画、木雕和石雕纹样，以及测量仪器图等。这些图不仅有助于人们更清楚地、形象地理解书中文字所叙述的内容，而且本身就为后世提供了进行建筑工程时绘制设计图的样本。同时，它还记录了不少不见经传的作法和现已失传的技术，这对于研究中国古代建筑以及继承和发展传统建筑技术，也是极其宝贵的资料。

李诚编写《营造法式》有许多特点和创见是值得称道的。他详加考订，收集了古典文献中有关建筑的大量史料，不耻下问，与造作工匠共同讨论，广泛汲取了建筑各行工匠的宝贵经验，从而在建筑方面整理、总结和制定出相当严密的技术规范和管理制度。像这样凝聚着历代工匠心血、智慧与经验的著作，在历史上是并不多见的。《营造法式》在总结前人经验基础上，规定木构建筑及其各种构件的比例关系，这实际上就是以某种建筑构件的局部作为标准单位的古典模数制，对于推动建筑工程的标准化和规范化起了重要的作用。《营造法式》虽然对各种制度有严格的要求，但也强调要针对建筑工程的具体情况灵活处理，同时，在因材施用、节约材料方面，即使在今天也具有积极的意义。

《营造法式》是一部既有科学意义又有实用价值的建筑学专著。这一杰作，作为北宋朝廷正式颁行的建筑规范，其统一的建筑规格、设计施工制度、工料定额等，不仅在当时作为官式建筑的标准，而且对后世元、明、清三代也产生了重要影响，直到今天，仍是我们研究中国古代建筑不可或缺的珍贵文献。

【专家品析】

李诚编写了《营造法式》这部建筑巨著，成为中国建筑史上的一个划时代创举，是营造工程史上的一次重大革新，更是中国古代劳动人民在建筑方面宝贵经验的科学总结，对后世建筑技术的发展产生了深远的影响。李诚成为享誉国内外的伟大建筑科学家，也成为中国古建筑界所供奉的祖师爷。

【科学成就】

李诚既是一个建筑大师，又是一位艺术家和学者。他编修的《营造法式》是一部建筑科学技术的百科全书，对后世的建筑技术和建筑学具有深远的影响。同时，他在地理、历史、文字、音乐等方面都有广泛研究。李诚著有《续山海经》十卷、《续同姓名录》二卷、《马经》三卷、《古篆说文》十卷、《琵琶经》三卷、《六博经》三卷，还善于画马。

29 洗冤集记录经典，法医学先河顿开（宋慈·南宋）

【生平简介】

姓名：宋慈。
字：惠父。
出生地：南宋福建建阳（今福建南平）。
生卒年：1186—1249年。
身份：医生、法医学家。
主要成就：著有《洗冤集录》。

【名家推介】

宋慈（1186—1249），字惠父，汉族，建阳（今福建南平）人。我国古代杰出的法医学家，被称为“法医学之父”， 西方普遍认为正是宋慈于

1235年开创了“法医鉴定学”。

宋慈一生二十余年的官宦生涯中，先后四次担任高级刑法官，宋慈在处理狱讼期间，特别重视现场勘验，他对当时传世的尸伤检验著作加以综合、核定和提炼，并结合自己丰富的实践经验，完成了《洗冤集录》这部系统的法医学著作。

【名家故事】

宁宗嘉定十年，宋慈中进士，朝廷派他去浙江鄞县任尉官，因为父丧而没能就任。宋理宗宝庆二年，宋慈出任江西信丰县主簿，从此正式踏上了仕宦生涯。

绍定四年，宋慈因为政绩显著，被任命为福建长汀知县。嘉熙元年，又升任邵武军通判。淳祐元年，就任常州军事使。淳祐七年，任湖南刑狱并兼大使行府参议官等。宋慈二十余年的官宦生涯中，先后四次担任高级刑法官，一生从事司法刑狱，长期的专业工作，使他积累了丰富的法医检验经验。

宋慈平反冤案无数，宋慈在处理狱讼中，特别重视现场勘验。他对当时传世的尸伤检验著作加以综合、核定和提炼，并结合自己丰富的实践经验，完成了《洗冤集录》这部系统的法医学著作。他把当时居于世界领先地位的中医药学应用于刑狱检验，并对先秦以来历代官府刑狱检验的实际经验进行全面总结，使之条理化、系统化、理论化。因而此书一经问世就成为当时和后世刑狱官员的必备之书，几乎被奉为“金科玉律”，其权威性甚至超过封建朝廷颁布的有关法律。七百多年来，此书先后被译成朝、日、法、英、荷、德、俄等多种文字。直到目前，许多国家仍在研究它。其影响非常深远，在中外医药学史、法医学史、科技史上留下光辉的一页。其中贯穿着求实求真的科学精神，至今仍然熠熠闪光，值得发扬光大。

宋慈在法医学理论上和实践中所表现出来的是唯物主义倾向，在他传世名著中非但没有空洞的理学唯心主义的说教，而且大力提倡求实求真精神。程朱理学认为，“合天地万物而言，只是一个理”，而人心之体又体现了理或天理，“心包万理，万理具于一心”。这就是说，心中什么理都有，无须外求。如按此行事，根本不要了解外界现实情况，只要苦思冥想就可以了。而宋慈却反其道而行之，他把朱熹具有唯心主义倾向的“格物穷理”之说，变成唯物主义的认识论原则，不是向内心问理，而是向实际求真。

当时州县官府往往把人命关天的刑狱之事委任给没有实际经验的新人选的官员或武人，这些人非常容易受到蒙蔽，加之其中有的人怕苦畏脏，又不对案情进行实地检验，因而难免判断失误，以致黑白颠倒，是非混淆，冤狱丛生。身为刑狱官，宋慈对这种现象深恶痛绝，强烈反对。他在听讼理刑过程中，则以民命为重，实事求是。他另一突出表现是对待尸体的态度，特别是能否暴露和检验尸体的隐秘部分。如此检验尸体，在当时的理学家即道学家看来，未免太“邪”了。但这对查清案情、防止相关人员利用这种伦理观念掩盖案件真相，是非常必要的。宋氏毅然服从实际，而将道学之气一扫而光，这是难能可贵的。宋慈的求实求真精神还表现在对尸体的具体检验方面。检验尸体，即能给死者诊断出死因，技术性很强，在一定程度上难于为活人诊病。不仅要有良好的思想品德，而且必须具备深厚的医药学基础，把握许多科学知识和方法。儒者出身的宋慈，本无医药学及其他相关科学知识，为弥补这一不足，他一方面刻苦研读医药著作，把有关的生理、病理、药理、毒理知识及诊察方法运用于检验死伤的实际；另一方面，认真总结前人的的经验，以防止冤狱的发生。

在多年的检验实践中，宋慈力求检验方法的多样性和科学性，在此方面可谓不遗余力。仅从流传至今的《洗冤集录》一书来看，其中所载检验方法多样性、全面性，其精确度之高，都是前无古人的，这也是书中科技含量较高的、最精彩的内容。在《洗冤集录》中，有一些检验方法虽属于经验范畴，但却与现代科学相吻合，令人惊叹。

宋慈审理的著名案子有：案子火烧铁钉案、梅城两任知县谋杀案、太平县冤案、李府连环案、城南井尸案、毛竹坞无名尸案、遗扇嫁祸案、梁雨生命案、李玉儿失踪案、嘉州库银失盗案、史文俊私通敌国案、京郊遗尸案等，都成为后世法医们的经典案例。

宋慈卒于南宋理宗淳祐六年广州经略安抚使的任所，享年64岁。宋理宗亲自为其书写墓门，凭吊宋慈功绩卓著的一生，后来宋慈的墓地迁至福建建阳市崇雒乡昌茂村西北。

【专家品析】

《洗冤集录》是集宋慈外表尸体检验经验大成的著作，他在书中开篇即提出不能轻信口供，他提出检验官必须亲临现场、尸检必须由检验官亲自填写的尸体检验原则。

《洗冤集录》被誉为世界上最早的法医学专著，是中国法医学的里程碑。由于受限于当时的科学水平，其内容难免有错误。但整体而言，瑕不掩瑜，还是一部符合科学精神的杰出作品。清同治六年，荷兰人首先将这本书翻译成荷兰文，传入西方，后又被翻译成多国文字，影响世界各国法医学的发展极为深远，宋慈因此被西方人称作“法医学之父”。

【科学成就】

《洗冤集录》现存最早的版本为元代的《宋提刑洗冤集录》，共五卷，五十三条目。从目录来看，本书的主要内容包括：宋代关于检验尸伤的法令，验尸的方法和注意事项，尸体现象，各种机械性窒息死，各种钝器损伤，锐器损伤，交通事故损伤，高温致死，中毒，病死和急死，尸体发掘，等等。

30 正负开方大衍求，数书九章后世留（秦九韶·南宋）

【生平简介】

姓名：秦九韶。

字：道古。

出生地：普州安岳（今四川安岳）。

生卒年：1208—1261年。

身份：数学家、学者。

主要成就：1247年完成数学名著《数书九章》。

【名家推介】

秦九韶（1208—1261），字道古，汉族，鲁郡（今山东曲阜）人，生于普州安岳（今四川安岳）。南宋官员，数学家，与李冶、杨辉、朱世杰并称宋元数学四大家。

他的著作有《数书九章》，其中的大衍求一术（一次同余方程组问题的解法，也就是现在所称的中国剩余定理）和秦九韶算法（高次方程正根的数值求法），达到了当时世界数学的最高水平。

【名家故事】

南宋理宗绍定四年，秦九韶于29岁时考中进士，先后担任琼州(今海南岛)、梅州(今广东梅县)知州。秦九韶在从政之余，对历史、数学、天文、营造、军旅、赋役等广征博采，搜集掌握大量资料，精心研究。南宋理宗淳祐年间，因母亲病故，秦九韶利用守孝期间，将历年累积有关大量数学研究的成果，予以系统整理编撰，完成了举世闻名的数学巨著《数书九章》。这部中世纪的数学杰作，在许多方面都有突破或创新，为人类数学的发展做出了卓越贡献。

《数书九章》，又称《数学九章》，全书共有十八卷，分“大衍”、“天时”、“田赋”、“测望”、“赋役”、“钱谷”、“营建”、“军旅”、“市易”九大类，其中包括了田地求积、产量计算、屯田规划、雨量测定等方面内容。每一类各采用九个例题，共计八十一个应用题，用文字阐明其中的算理，给出解题步骤，并辅助以算图公式。《数书九章》最具有世界意义的重要成就，主要表现在以下两项：一是一次同余式理论，即著名的《大衍求一术》；二是求高次方程的数值解法，即《正负开方术》。前者不仅在当时处于世界领先地位，就是在近代数学和现代电子计算设计中，也起到重要作用，被称之为“中国剩余定理”；《正负开方术》则被称为“秦九韶程序”。书中有的问题要求解十次方程，有的问题答案竟有一百八十条之多，它们使古代数学从传统的历法和工程计算中抽象出来，走在应用数学前头，将古代数学学术推上了历史高峰。

秦九韶在《数书九章》中所采集的大量例题，要远比“孙子问题”复杂得多。如广泛应用《大衍求一术》来解决历法的《古历会积》，解决工程、赋役和军旅的《积尺寻源》、《推计土功》、《程行计地》等实际问题中，秦九韶的《大衍求一术》，简而言之，就是运用同余式来求解不定方程组的方法。秦九韶经过深入探索研究，利用“求一术”将联立同余组各余数不相同的问题，全部化解为余数为1的求一问题，这样就使复杂的运算和解题简化快捷了。

“正负开方术”包括两方面内容：一是正负术；二是开方术。“正负术”，是指古代数学中关于正数和负数的运算法则，“开方术”，是指数学中求方根或解二次以上方程的方法。我国古代著名的算书《九章算术》，书中记载了正数开平方和开立方的方法，虽然在此基础上出现了求解一般一元二次方程的数值解法，但却限定代数方程的首项系数不能是负数。到了北宋时期，代数方程发展成为求高次方程的数值解，创造了“增乘开方法”，将古代对数字方程的解法推进到了一个新的历史阶段。

在秦九韶所著的《数书九章》中，首先出现了三次以上的数字方程，并列举了二十六个二次和二次以上的高次方程数值解法，其中包括有一个十次方程，方程中的系数既有正数，又有负数，既有整数，也有小数，进而将高次方程求正根的“增乘开方法”发展到了十分完备的程度，这就是我国数学史上著名的“正负开方术”。

秦九韶以前，我国数学家都认为“实”是已知量，当然是正数，相当于常数项为正，且位于算题等式右端；而秦九韶认为“实”最好和未知数放在一起，正负相消，组成开方式。因此，他规定“实常为负”，这样可以把增乘开方的随乘随加贯彻到底。当首项系数不等于1时，秦九韶称之为“开连枝某乘方”；而当方程的奇次幂系数都是零时，称之为“开玲珑某乘方”。开方中减根后方程的常数项一般越来越大，而接近于零；但有时常数项会由负变正，秦九韶称之为“换骨”；有时常数项符号不变，而绝对值增大，则叫做“投胎”。当开方得到“无理根”时，秦九韶发挥了魏晋之际数学家刘徽首创的继续开方计算的思想，用十进小数作“无理根”的近似值，这在世界数学史上也是最早的。

直到1819年，英国数学家霍纳才发明了与秦九韶的《正负开方术》相类似的方法，称为《霍纳法》，但比秦九韶晚了有整整五百年。秦九韶关于求解任何数字方程正根的《正负开方术》，后来被称之为“秦九韶程序”，是当今计算数学中求代数方程数值解所广泛流行使用的一种极其简便的方法，现今世界各国大中学的数学课程中，几乎随时都能接触到它的定理、定律和解题原则。

【专家品析】

秦九韶是一位既重视理论又重视实践，既善于继承又勇于创新，既关心国计民生、体察民间疾苦、主张畅施仁政，又是支持和参与抗金、抗蒙战争的世界著名南宋数学家。

他所提出的大衍求一术和正负开方术及其名著《数书九章》，是中国数学史乃至世界数学史上光彩夺目的一页，对后世数学发展产生了广泛的影响。

【科学成就】

秦九韶的数学成就基本表现在他写的《数书九章》中。《数书九章》的主要内容偏重于数学的应用方面，全书八十一道题目都是结合当时的实际需要提出的问题。大衍求一术是一次同余方程组问题的核心解法，现在叫做中国剩余定理。

31 授时历世界彪炳，月球建环形山脉（郭守敬·元）

【生平简介】

姓名：郭守敬。
字：若思。
出生地：河北省邢台县。
生卒年：1231—1316年。
身份：天文学家、数学家、水利学家。
主要成就：著有《授时历》、《推步》、《立成》。

【名家推介】

郭守敬（1231—1316），字若思，汉族，顺德邢台（今河北邢台）人。中国元朝的天文学家、数学家、水利专家和仪器制造专家。

郭守敬一生主要贡献在于修订新历法，经过四年时间制订出《授时历》，通行三百六十多年，是当时世界上最先进的一种历法。1981年，为纪念郭守敬诞辰七百五十周年，国际天文学会以他的名字为月球上的一座环形山命名。

【名家故事】

郭守敬出生在一个学术气氛十分浓郁的书香世家，祖父郭荣是当时的著名学者，精通数学、水利。郭守敬从小跟着祖父一面读书，一面观察自然现象，学得不少实际知识。后来，郭守敬又到紫金山学馆求学，那里会聚着许多饱学之士，相互切磋学问，使郭守敬获益匪浅。

少年时代的郭守敬，沉静好思，学习十分专心，很爱钻研。1262年，三十二岁的郭守敬因才智过人，被推荐给元世祖忽必烈。见面之后，郭守敬不卑不亢，侃侃而谈，面陈了自己关于兴修水利的六条建议。他每说一条，忽必烈都要赞叹一声，最后，这位君王感慨万端地说道："天下管事的人要都像这样，哪会有不劳而食的人了。"立即任命郭守敬管理水利。

1291年，郭守敬经过多次实地勘测，找到了水源，立刻向忽必烈提出开凿大都（今北京）通惠河工程的新方案，根据大都周围西北高、东南低的地形，将大都西北昌平神山（今凤凰山）脚下的白浮泉先引入瓮山泊，并让这条引水河在沿途拦截所有原先从西山东流的泉水，汇合成流，这样，便可使运河水量大大增加。另外，由于这些泉水清澈明净，几乎不含泥沙，在运河下游还可建立一系列控制各段水位的闸门，以便运粮船能够平稳行驶。忽必烈对这个周密的计划极为重视，立即下令重设掌管水利工作的专门机构都水监，任命郭守敬主管。

第二年刚开春，开凿大都运河的工程就正式动工了，只用了一年半时间，这条全长八十多千米的运河便全部竣工。忽必烈非常高兴，亲自为这条运河取名为"通惠河"。从此，南来的运粮船一直驶进了大都城。除了对水利事业的重大贡献，郭守敬还在天文历法、仪器制造、数学等领域内取得了令人瞩目的成就。他一生最重大的贡献，就是编制了《授时历》。

1276年，元军攻占南宋都城临安（今浙江杭州），全国统一的局面即将出现。前代留下来的历法，已与实际不符，不能再沿用下去了。这年六月，忽必烈召见郭守敬，将重订新历的任务交给了他，并随即成立了专门掌管天文历法工作的中央机构太史局。

郭守敬花了两年多时间，在一些著名天文学家、机械制造专家的协助下，精心设计研制了一整套天文仪器，包括简仪、圭表、候报仪、浑天象、玲珑仪、仰仪、立运仪、证理仪、景符、窥几、日月食仪、星晷定时仪、正方案、丸表、悬正仪、座正仪、大明殿灯漏等十八种天文仪器，这些仪器精密、灵巧、轻便、实用，在当时的世界上处于遥遥领先的地位。

在观测天象的过程中，郭守敬等人创制的天文仪器发挥了举足轻重的作用。其中，最为人称道的是圭表、仰仪和简仪。

圭表，是测定二十四节气的主要仪器。表是一根垂直立于地面的标竿，当太阳在子午线上时，表影投落在南北方向圭面上，量一下影子的长度，就可以推算出节气。郭守敬利用小孔成象的原理，制造了一个名为“景符”的仪器，使日光通过小孔射到圭面，这样影界就清晰多了。同时，又改进了圭表表高及量取长度，使测量的准确性大大提高。仰仪，是郭守敬独创的观察太阳位置、日食状况的天文仪器，结构非常巧妙，不过，比它更令人叫绝的，当属经郭守敬革新而创制的测定天体在天球上位置的仪器——浑仪。郭守敬对浑天仪进行了大胆的革新，使它变得结构简单、方便实用，被人们称为“简仪”。这个仪器，比西方要早三个世纪。英国著名的中国科技史专家李约瑟博士赞赏地说：“标志着从中世纪仪器向现代仪器转变的主要发明，则是将窥管安装于极轴上，即自由大圆环形成的支承装置。这不是产生于文艺复兴时期的西方，而是在元代皇家天文学家郭守敬的领导下于1276年完成的。”

1280年春暖花开的时候，一部集古代历法大成、准确精密的新历——《授时历》——终于编制而成。它规定一年为365.2425日，比地球绕太阳一周的实际运行时间只差26秒，与现行公历的平均一年时间长度完全一致。

《授时历》的颁行，比意大利格雷戈里提出的现行公历要早近三百年。它的方法和数据一直被承用了三百六十四年之久，产生了巨大的影响，无疑是中国历史上一个最进步的历法。

1316年，这位元代著名的天文学家和水利学家病逝，终年八十六岁。郭守敬，不仅是中华民族的骄傲，他的丰功伟绩，也永远铭刻在世界人民心中。

【专家品析】

郭守敬是中国元代杰出的天文、水利、数学、仪器仪表制造专家，他一生科技成就有十几项遥遥领先世界，为人类科学事业的发展做出了巨大贡献，受到中国乃至世界人民的敬仰。

他和张衡、蔡伦、祖冲之、僧一行、孙思邈、沈括、李时珍被推为我国古代八大科学家。国际天文组织做出决定，将月球背面的一座环形山和太阳系一颗国际编号为2012小行星，以郭守敬的名字命名，以纪念他在科学事业上的突出贡献。

【科学成就】

1．郭守敬研制简仪、高表、候报仪和仰仪等十八种仪表。

2．郭守敬和王恂、许衡等人，共同编制出我国古代最先进、施行最久的历法——《授时历》。

3．郭守敬编撰的天文历法著作有《推步》、《立成》、《历议拟稿》、《仪象法式》、《上中下三历注式》和《修历源流》等十四种共一百零五卷。

4．开凿大都（今北京）通惠河。

㉜ 纺织技术革新祖，百姓心中丰碑留（黄道婆•元）

【生平简介】

姓名：黄道婆。
别名：黄婆、黄母。
出生地：松江府乌泥泾镇。
生卒年：约1245—1330年。
身份：宋末元初知名棉纺织家。
主要成就：教人制棉、推广搅车、弹棉弓、纺车等器具、传授“错纱配色”等技术。

【名家推介】

黄道婆（约1245—1330），又名黄婆或黄母，汉族，宋末元初知名棉纺织专家，松江府乌泥泾镇（今上海市华泾镇）人。

她由于传授先进的纺织技术以及推广先进的纺织工具受到百姓的敬仰。后世尊她为布业的始祖，至今还传颂着 “黄婆婆，黄婆婆，教我纱，教我布，二只筒子二匹布”的民谣。

【名家故事】

大约在南宋理宗淳祐五年，黄道婆生于上海乌泥径镇的一个穷苦人家。当时，正是宋元更替、兵荒马乱之际，土地贫瘠，粮谷短缺，百姓更是难以度日，不少人都靠种植棉花、纺线织布勉强糊口。

一天黄昏，18岁的童养媳黄道婆像平时那样，拖着疲累不堪的身子从田里回来，匆匆吃了几口稀饭，赶紧坐到织布机旁织起布来。“哐当、哐当”，单调的机杼声，伴着她孤独的身影，度过那漫漫长夜。织着织着，眼皮不由自主地粘在一起，“哐当”声听不到了。突然，“啪啪”一阵毒打，黄道婆猛地一个激灵，睁眼一看，又是丈夫那副凶神恶煞般的嘴脸：“好你个懒虫！我让你偷懒！我让你偷懒！”丈夫手捏竹棒，一边骂，一边不住地抽打她。过了一阵子，似乎是打累了，这才把她锁在柴房，自己回屋睡觉去了。

皎洁的月光，从窗棂射进来，照着柴堆上可怜的姑娘那满是泪痕的脸庞。五年两千个日日夜夜，她就是这么煎熬过来的。公婆恶毒苛刻不说，丈夫更是蛮横霸道。胸怀壮志的黄道婆痛苦到了极点，再也不甘忍受这封建牢狱的折磨，决心挣脱封建礼教枷锁，离开黑暗的家庭。她知道，长江岸边，没有她的活路，便决定就此弃乡远航，访求先进纺织技术，实现夙愿。

无边无际的大海上，波涛汹涌。一艘海船驶向中国南部边陲。船舱的角落里，蜷缩着一个瘦骨伶仃的村姑，她就是逃离虎口的黄道婆。也不知经过了多少天的颠簸，海船终于在海南岛南端的崖州靠了岸。从此，黄道婆就在这片草木繁茂、海天宜人的热带土地上，开始了她不平凡的生活。

当时的海南岛，是黎族同胞聚居的地区，棉织业十分发达，生产的棉织品种类繁多，织工精细，色彩艳丽，在全国首屈一指。仅作为“贡品”向皇宫进献的各类棉布就有二十多种。从小就在织布机旁长大的黄道婆惊喜地发现，当地人的棉纺织技术是那样的精湛。

在家乡，棉籽是用手一粒粒往外剥，而这里，却是用一根铁杖往外碾，一次就能碾出许多来；在家乡，弹棉花的弓只有尺把长，而且用线做弓弦，又慢又累人，这里的弹弓却足足有四尺长，弓弦还是用麻绳做成的，一弹就是一大片；在家乡，手摇纺车一次只能纺一根纱，这里的脚踏纺车，可以同时纺三根纱；在家乡，织布机只能织出一色的白粗布，这里的织布机却既能套色，又能提花……这些精巧的工具和技艺，使黄道婆感触颇深。为了早日掌握黎家技术，她刻苦学习黎族语言，耳听、心记、嘴里练，努力和黎族人民打成一片，虚心地拜她们为师。

她研究纺棉工具，学习纺棉技术，废寝忘食，争分夺秒，着了迷、入了癖。就这样在黎族同胞的悉心传授下，她白天学，夜里练，很快就熟悉和掌握了各道制棉、织布的工序，同时，她又在操作过程中融进了家乡织布技术的长处，使自己的技艺长进更快，逐渐成了当地出名的纺织能手。

岁月恰似织布快梭，转眼之间，到了13世纪末。蒙古征服者早已囊括全国，南宋王朝覆灭了二十多年。为了缓和各族人民的反抗，元朝统治者慢慢改变以前那样屠杀掠夺政策，实行一些恢复和发展生产的措施，江南经济开始好转。

二十多年的岁月，也在黄道婆脸上留下了深深的印痕。那眼角的鱼尾纹中，记载着她的辛劳，也铭刻着她对故乡的一往情深。常言道："叶落归根。"进入中年的黄道婆，思乡之情与日俱增，终于，在黎族乡亲们的一片祝福声中，她身背纺织工具，踏上了北归的海船。

回到阔别多年的父老乡亲当中的黄道婆，不仅把自己在海南学得的先进生产经验毫无保留地教给故乡人民，而且还结合当地实际情况，系统地改进了从轧籽、弹花到纺纱、织布的全部生产工序，创造了一套新型的纺织工具。

在黄道婆离世后不久，松江一带就成为全国的棉纺织业中心，历数百年之久而不衰，以致有"松郡棉布、衣被天下"的盛称。松江棉布不仅深受国内人民的欢迎，还远销欧美各地，为祖国赢得了很高的声誉。可以毫不夸张地讲，黄道婆为开拓我国棉纺织业的广阔天地，为棉布衣衫在华夏大地的普及，为百姓送去温暖和美化生活做出了无私的贡献，她无愧于是劳动人民勤劳聪慧的女儿。

【专家品析】

黄道婆一生刻苦研究、辛勤实践，有力地影响和推动了我国棉纺织业的发展，她的业绩在我国纺织史上灿然发光。

中华人民共和国成立后，党和人民政府组织人力，为黄道婆重新修墓立碑，栽植青松翠柏，表彰这位女纺织技术革新家、科学家的功绩，寄托人民的长远哀思和深切怀念。黄道婆的奋斗精神，将永远鼓舞人们向科学的高峰攀登。

【科学成就】

黄道婆改造的三锭棉纺车，使纺纱效率一下子提高了两三倍，而且操作也很省力，被视为当时世界上最先进的纺织工具。

黄道婆除了在改革棉纺工具方面做出重要贡献以外，她还把从黎族人民那里学来的纺织技术，结合自己的实践经验，总结成一套比较先进的“错纱、配色、综线、提花”等织造技术，并广为传播，为后世我国成为棉纺大国立下不可磨灭的贡献。

33 王祯农书两版本，科学阐述记录真（王祯·元）

【生平简介】

姓名：王祯。

字：伯善。

出生地：元代东平（今山东东平）。

生卒年：1271—1368年。

身份：中国古代农学家、农业机械学家。

主要成就：著有《王祯农书》。

【名家推介】

王祯（1271—1368），字伯善，元代东平（今山东东平）人。中国古代农学家、农业机械学家。

他对农、桑、六谷和农器都有精深研究，提倡种植桑、棉、麻等经济作物，教人种树和改良农具，并撰写《王祯农书》（原名《农书》）二十二卷。

【名家故事】

王祯做过两任县尹，一是元成宗元贞元年任宣州旌德县县尹，在职六年；二是元成宗大德四年，调任信州永丰县县尹。王祯为官恪尽职守，公正无私，勤勉务实，为民办事。他在旌德县尹任内，为老百姓办过许多好事。他生活俭朴，经常将薪俸捐给地方兴办学校，修建桥梁，整修道路，施舍医药，博得当时百姓的爱戴。有一年碰上旱灾，眼看禾苗都要旱死，农民心急如焚，王祯看到旌德县许多河流溪涧有水，想起从家乡东平来旌德县的时候，在路上看到一种水转翻车，可以把水提灌到山地里。王祯立即开动脑筋，画出图样，又召集木工、铁匠赶制，组织农民抗旱，就这样，制造出来的水转翻车使旌德县几万亩山地的禾苗得救了。

王祯继承了传统的“农本”思想，认为国家从中央到地方政府的首要政事就是抓农业生产。无论是在旌德还是永丰任职，王祯劝农工作政绩斐然。所采取的方法是，每年规定农民种植桑树若干株；对麻、禾、黍等作物，从播种到收获的方法，都一一加以指导；画出各种农具图形，让百姓仿造试制使用。王祯在永丰县尹任内，以奖励农业和教育为主要任务，经常购买桑树苗、棉花籽教导农民种植，鼓励他们种好庄稼。旌德、永丰两县民众对他十分敬重，念念不忘。

王祯认为，吃饭是百姓的头等大事，作为地方官，应该熟悉农业生产知识，否则就无法担负劝导农桑的责任，因此，他留心农事，处处观察，积累了丰富的农业知识。每到一地，就传播先进耕作技术，引进农作物的优良品种，推广先进农具。这些做法为后来撰写《农书》积累了丰富的材料。

元朝时期，农业生产技术不断提高，生产经验更加丰富，农业生产也有了更大发展。在统一中国的过程中，封建统治者逐渐看到农业生产有利于封建剥削，元世祖忽必烈在位时，开始采取一些发展农业生产的措施，如设置劝农官、建立专管农桑水利的机构司农司等，从一定程度上对农书的编写产生了推动作用。所以，在这一历史时期，先后产生了几部农业科学著作。王祯《农书》大约是在旌德县尹期间着手编写的，直到调任永丰县尹后才完成。元仁宗皇庆二年，王祯又为这本书写了一篇自序，正式刻版发行。

《王祯农书》的突出特点有四：一是比较全面系统地论述了广义的农业，对农业的内容和范围，以及农业生产中客观规律性和主观能动性的各个方面，都能有个清晰明了的认识。这是《王祯农书》的一大特色。二是兼论南北农业，对南北农业的异同进行了分析和比较。三是有比较完备的“农器图谱”，《王祯农书》中的“农器图谱”是王祯在古农书中的一大创造。它约占全书篇幅的五分之四，插图二百多幅，涉及的农具达一百零五种，可以说是丰富多彩，洋洋大观，别开生面。四是在“百谷谱”中对植物性状的描述，其中包括谷属、蔬属、果属、竹木、杂类等内容。

《王祯农书》主要的成就在于：王祯为了在农业生产中贯彻“时宜”原则，对历法和授时问题作了简明总结。同时，他还指出：不要依历书所载月份，而用节气定月，这样就可以正确代表季节性变化；其次图中所列各月农事，只适用于一个地区，其他地区应当按照纬度和其他因素来变更。如果各地都能斟酌当地的具体情况制定这样一个农事月历，对在农业生产中贯彻“时宜”原则将会有很大帮助。为了在农业生产中贯彻“地宜”原则，王祯创制了一幅《全国农业情况图》。这幅图是根据全国各地的风土和农产知识绘制的，它能帮助人们辨别各地不同的土壤，以便遵循“地宜”原则，实行因土种植和因土施肥。

在王祯以前的重要农书中，大都没把增肥和灌溉放在重要地位，如《氾胜之书》和《齐民要术》中的农业总论部分都没有谈到增肥和灌溉问题，只是在各论部分中才谈到，可见肥水问题在农业增产中仍然没占有举足轻重的地位。《王祯农书》不仅将“粪壤”和“灌溉”摆在农桑重要位置上，而且在理论上和实践上都有新发展。

王祯博学多识，才华横溢，不仅是一位出色的农学家，而且是一位精巧的机械设计制造家和印刷技术的革新家，还是一位诗人。

【专家品析】

王祯是中国古代著名的四大农学家之一，同汉代的氾胜之、后魏的贾思勰、明代的徐光启齐名。他的《王祯农书》在中国农学史上占有极其重要的地位，继承了前人在农学研究上所取得的成果，总结了元朝以前农业生产实践的丰富经验，全面系统地解释了广义农业生产所包括的内容和范围。

王祯不愧是我国十四世纪伟大的农学家，其《王祯农书》也不愧是一部有很高的科学价值的农业全书。王祯和他的《农书》在我国农学史上占有崇高的地位。

【科学成就】

《王祯农书》的规模宏大，范围广博。全书共三十七卷，大约十三万字，插图三百多幅。其中包括“农桑通诀”、“百谷谱”和“农器图谱”三大部分，既有总论，又有分论，图文并茂，系统分明，体例完整。它是我国第一部从全国范围对整个农业作系统全面论述的著作，是我国古代一部农业百科全书。

34 医学药学诊断学，奇经八脉五脏图（李时珍·明）

【生平简介】

姓名：李时珍。
字：东璧。
出生地：湖北黄冈。
生卒年：1518—1593年。
身份：医学家、药物学家。
主要成就：著有《本草纲目》。

【名家推介】

李时珍（1518—1593），字东璧，晚年自号濒湖山人，湖北蕲州（今湖北省黄冈市蕲春县蕲州镇）人，汉族，中国古代伟大的医学家、药物学家。

他一生著有《濒湖脉学》、《本草纲目》等中医药经典。他一生尤其重视本草，并富有实践精神，肯向劳动人民群众学习的精神值得褒扬。

【名家故事】

李时珍自小聪明颖悟，才智过人，14岁便考中了秀才，但可惜的是从17岁起，李时珍接连三次乡试都名落孙山。从此，本就不想做官的他，便彻底放弃了功名，一心一意当起郎中来。

在行医过程中，李时珍发现有一位医生为一名精神病人开药，用了一味药，病人服药后很快就死了。还有一个身体虚弱的人，吃了医生开的一味补药，也莫名其妙地送了性命。原来，几种古药书上，记录的药物机理出现了极大的偏差。这一桩桩、一件件药物误人的事，在李时珍心中激起巨大的波澜。毫无疑问，古医药书籍蕴涵着丰富的知识和宝贵的经验，但也确定存在着一些谬误。若不及早订正，医药界以它们为凭，势必出现很多偏差，轻者会耽误治病，重者要害人性命，于是李时珍决心重新编写一部完善的药物书。

在以后的十年中，他全身心地沉浸在浩如烟海的医书宝库中，熟读了《内经》、《本草经》、《伤寒论》、《金匮要略》等古典医籍以及历代名家著述和大量关于花草树木的书籍，单是笔记就装了满满几柜子，为修订本草积累了许多珍贵资料。

1551年，由于李时珍医术精湛，名传四方，便被举荐担任了太医院的医官。这太医院，是明王朝的中央医疗机构，院中拥有大量外界罕见的珍贵医书资料和药物标本。李时珍在这里大开眼界，一头扎进书堆，夜以继日地研读、摘抄和描绘药物图形，努力吸取着前人提供的医学精髓。与此同时，他多次向院方提出编写新本草的建议。然而，他的建议不仅未被采纳，反而遭到无端的讥讽挖苦与打击中伤，李时珍很快便明白，这里决非自己用武之地，要想实现毕生为之奋斗的理想，只有走自己的路，一年后，他毅然告病还乡。

1552年，35岁的李时珍着手按计划重修本草。从此，李时珍走出家门，深入山间田野，实地对照，辨认药物。除湖广外，先后到过江西、江苏、安徽、河南等地，足迹遍及大江南北，行程达两万余里。那些种田的、捕鱼的、打柴的、狩猎的、采矿的，无不成为他的朋友和老师，为他提供了书本上不曾有过的丰富药物知识。

一次，李时珍路过河南境内的一处驿站，见几个车夫正在把一些粉红色的草花放在锅中煎煮，他凑近去看了看，见不过是南方随处可见的旋花，却不知这些车夫煮它有何用？便向他们开口讨教，一个车夫答道："我们这些人常年在外，风里来雨里去，盘骨多半都落下了伤痛，喝点旋花汤，能治盘骨病。"李时珍用心把这种药草的形状、药性等记了下来，并把它写进书中。

还有一次，李时珍带着弟子来到武当山。武当山是天然的药物宝库，师徒二人仿佛探宝者发现了钻石矿，一下子被这些花草迷住了。九仙子、朱砂根、千年艾、隔山消等这些名贵药物一一被他们采集下来，制成标本。这天，徒弟劈藤开路，仔细寻觅。突然，他眼睛一亮：曼陀罗花！这是华佗配制麻沸散的名药。李时珍显然也非常兴奋，指点着花儿对徒弟说："可惜，麻沸散早已失传了。这种花有毒，究竟如何配药，还得重新试验呢。"以后，为弄清曼陀罗花的毒性，取得可靠验方，李时珍又冒着生命危险，亲口尝试，证实了它的麻醉作用，并把它同火麻子花配合，制成了手术用的麻醉剂。

李时珍一路考察，一路为父老乡亲们治病，深受人们尊敬与依赖。李时珍深切地感到，这广阔的田野上，处处都是知识的天地，日日都会有新的收获。就这样，李时珍几十年如一日，在医学的道路上艰难跋涉，终于实现了他梦寐以求的理想：1578年，一部具有划时代意义的药物学巨著——《本草纲目》终于脱稿了。

这部旷世名著有一百九十多万字，每一个字都浸透着李时珍的心血。书中编入药物一千八百九十二种，其中新增药品三百七十四种，并附有药方一万零九十六个，插图一千多幅。其规模之大，超过了过去的任何一部本草学著述。它综合了植物学、动物学、矿物学、化学、天文学、气象学等许多领域的科学知识。它的极为系统而严谨的编排体例、大胆纠正前人谬误的确凿证据以及继承中有发扬的科学态度，都令人赞叹不已。

遗憾的是，李时珍生前并没有亲眼看到自己终身为之呕心沥血的这部巨著印刷成书。1593年初秋，这位76岁高龄的老人告别人世时，《本草纲目》还在南京由书商胡承龙等人主持刻板，直到三年后才印出书籍。

【专家品析】

李时珍的一生，成果卓著，功绩彪炳，为祖国的医药事业做出了巨大贡献。他不仅是中华民族的骄傲，也是公认的世界文化名人。如今李时珍墓前，有一座用花岗石砌成的墓门，横梁上镌刻着“科学之光”四个大字，这便是华夏子孙对他的最高赞誉。

《本草纲目》不仅对中医药学具有极大贡献，而且对世界自然科学的发展也起了巨大的推动作用，被誉为“东方医药巨典”，英国著名生物学家达尔文也曾受益于《本草纲目》，称它为“中国古代百科全书”。

【科学成就】

李时珍一生著述颇丰，除代表作《本草纲目》外，还著有《奇经八脉考》、《濒湖脉学》、《五脏图论》等十种著作。

35 中西交流先驱者，科学著作博众长（徐光启·明）

【生平简介】

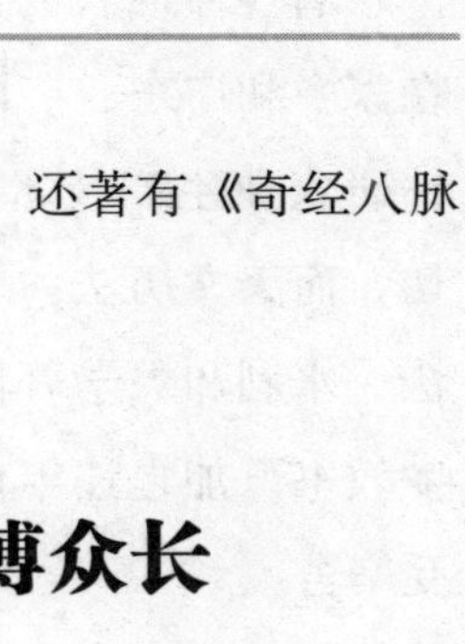

姓名：徐光启。
字：子先；号：玄扈。
出生地：上海。
生卒年：1562—1633年。
身份：科学家、政治家、军事家、农学家。
主要成就：译《几何原本》、著有《农政全书》、《崇祯历书》、《考工记解》。

【名家推介】

徐光启（1562—1633），字子先，号玄扈，汉族，明朝南直隶松江府上海县人。

他官至礼部尚书、文渊阁大学士，赠太子太保、少保，谥文定。中国明末数学家、农学家、政治家、军事家，徐光启也是中西文化交流的先驱者之一，是上海地区最早的天主教徒，被称为“圣教三柱石”之首。

【名家故事】

青少年时代的徐光启，聪敏好学，活泼矫健，20岁考中秀才以后，他在家乡和广东、广西教书，白天给学生上课，晚上广泛阅读古代的农书，钻研农业生产技术。由于农业生产同天文历法、水利工程的关系非常密切，而天文历法、水利工程又离不开数学，他又进一步博览古代的天文历法、水利和数学著作。万历九年中秀才后，因家境关系，徐光启开始在家乡教书。加之连年自然灾害，他参加举人考试又屡试不中，这期间，他备受辛苦。

万历二十一年，徐光启在韶州见到了传教士郭居静，这是徐光启与传教士的第一次接触。万历二十五年，徐光启由广西入京应试，本已落选，但却被主考官焦竑于落第卷中检出并提拔为第一名。但不久焦竑丢了官，转年徐光启参加会试也未能考中进士，他便又回到家乡教书。

在同传教士郭居静交往的时候，徐光启听说到中国来传教的耶稣会会长利玛窦精通西洋的自然科学，就到处打听他的下落，想当面向他请教。1600年，他得到了利玛窦正在南京传教的消息，专程前往南京拜访。徐光启见到利玛窦，对他表示了仰慕之情，希望向他学习西方的自然科学。利玛窦看他是个读书人，也想向他学习中国古代的文化典籍，并热衷发展他为天主教徒，就同他交谈起来。他们从天文谈到地理，又谈到中国和西方的数学。临别的时候，利玛窦对徐光启学习西方自然科学的请求并没有答应，却送给他两本宣传天主教的小册子。经过三年的考虑，万历三十一年，徐光启在南京接受洗礼，全家加入了天主教，后来徐光启一直是教会中最为得力的干将。

徐光启考中进士已经43岁，后担任翰林院庶吉士的官职，在北京住了下来，撰写了不少著述，其中《拟上安边御敌疏》、《拟缓举三殿及朝门工程疏》、《处置宗禄边饷议》、《漕河议》等，表现了徐光启忧国忧民的思想和渊博的治国安邦的谋略。

利玛窦在同徐光启见面的第二年，也来到了北京，徐光启再次请求利玛窦传授西方的科学知识，利玛窦爽快地答应了。他用公元前三世纪左右希腊数学家欧几里得的著作《几何原本》做教材，对徐光启讲授西方的数学理论。1607年的春天，徐光启和利玛窦译出了欧几里得这部著作的前六卷，徐光启想一鼓作气，接着往下译，争取在年内译完后九卷，但利玛窦却主张先将前六卷刻印出版，听听反映再说。付印之前，徐光启又独自一人将译稿加工、润色了三遍，尽可能把译文改得准确，然后他又同利玛窦一起，共同敲定书名的翻译问题，这些都体现了他在科学上一丝不苟的精神。

徐光启科学方面的成就体现在以下几个方面：

徐光启在天文学上的成就主要是主持历法的修订和《崇祯历书》的编译。在历书中，他引进了圆形地球的概念，明晰地介绍了地球经度和纬度的概念，他为中国天文界引进了星等的概念，提供了第一个全天性星图，成为清代星表的基础。在计算方法上，徐光启引进了球面和平面三角学的准确公式，并首先作了视差、蒙气差和时差的订正。

“几何”名称的由来，是由徐光启首先提出来的。徐光启在数学方面的成就，概括地说，有三个方面：论述了中国数学在明代落后的原因；论述了数学应用的广泛性；翻译并出版了《几何原本》。

徐光启一生关于农学方面的著作很多，有《农政全书》、《甘薯疏》、《农遗杂疏》、《农书草稿》、《泰西水法》等，徐光启对农书最主要的是《农政全书》的著述。《农政全书》主要包括农政思想和农业技术两大方面，而农政思想约占全书一半以上的篇幅。

徐光启的农政思想主要表现在：用垦荒和开发水利的方法来力图发展

北方的农业生产；备荒、救荒等荒政，是徐光启农政思想的又一重要内容。

农业技术方面：(1)破除了中国古代农学中的风土论思想，“风”指气候条件，“土”指土壤等地理条件，徐光启举出不少例证，说明通过试验可以使过去被判为不适宜的作物得到推广种植，徐光启对风土论思想的破除，推进了农业技术的发展。(2)进一步提高了南方的旱作技术，他指出了棉、豆、油菜等旱作技术的改进意见，特别是对长江三角洲地区棉田耕作管理技术，提出了精辟的改进意见。(3)推广甘薯种植，总结栽培经验。(4)总结蝗虫虫灾的发生规律和治蝗的方法。

【专家品析】

徐光启以赤诚之心报效祖国，以开放之心献身科学，以进取之志探求真理，传播文明之火，成为通晓中西第一人。可见，徐光启是我国历史上富有科学成就的一位可敬高官，他的中西合璧的开放精神，将永远昭示后人不断进取。

从中国科技史的角度讲，徐光启作为中西文化科技交流先驱者的地位，要高于他作为农学家的地位。徐光启引入西方科技的时间，在鸦片战争前二百三十多年。但徐光启的《农政全书》和与徐光启几乎同时代的宋应星的《天工开物》，都是带有近代百科全书意义的专业科技巨著，比西方的第一部百科全书要早出一百多年！

【科学成就】

徐光启留给我们的伟大文化遗产便是《农政全书》，这部农业科学的伟大著作总结了我国历代农业生产技术和经验，是我国古代农业方面的集大成之作。

36 天工开物十八卷，农学著述经典篇（宋应星•明）

【生平简介】

姓名：宋应星。

字：长庚。

出生地：江西奉新北乡雅溪牌坊村。

生卒年：1587—1666年。

身份：科学家。

主要成就：著有《天工开物》。

【名家推介】

宋应星（1587—1666），字长庚，江西奉新北乡雅溪牌坊村人，汉族，中国明末科学家。

在当时商品经济高度发展、生产技术达到新水平的条件下，宋应星著成《天工开物》一书，被欧洲学者称为“技术的百科全书”。他还著有《野议》、《谈天》、《论气》、《思怜》四部著作，但可惜均已遗失。

【名家故事】

宋应星的生活时代是明朝末期，他亲眼目睹了官场弊端丛生的黑暗现象，最终与科举仕途决裂，转向实学，尤其是研究农业和手工业生产技术，做了多年考察和广泛的社会调查，这一切都为他日后撰写《天工开物》作了准备。他虽历尽艰辛跋涉万里未得进士功名，却获得极珍贵的科学技术知识和社会见闻，思想更为激进，成为对旧学术传统持批判态度的启蒙思潮的代表人物。他一生博学多才，又勤于著述，是一位百科全书式的学者。

《天工开物》是宋应星最主要的代表作。崇祯十年由友人涂绍煃资助，初版刊刻于南昌府地区。全书三卷十八篇，内容涉及中国古代农业和手工业三十个生产部门的技术和经验，几乎包括了社会全部生产领域。编辑先后顺序是将与食、衣有关的农业放在首位，其次是有关工业的，体现了他重农、重工和注重实学的思想。

《天工开物》上卷六篇多与农业有关。《乃粒》主要论述稻、麦、黍、稷、粱、粟、麻、菽（豆）等粮食作物的种植、栽培技术及生产工具，包括各种水利灌溉机械，并对以江西为代表的江南水稻栽培技术详加介绍。《乃服》包括养蚕、缫丝、丝织、棉纺、麻纺及毛纺等生产技术，以及工具、设备，特别着重于浙江嘉兴、湖州地区养蚕的先进技术及丝纺、棉纺技术，并绘出大型提花机结构图。《彰施》介绍植物染料和染色技术，偏重靛蓝种植、蓝靛提取以及从红花提取染料的过程，还涉及诸色染料配色及媒染方法。《粹精》叙述稻、麦收割、脱粒及磨粉等农作物加工技术，偏重加工稻谷的风车、水碓、石碾、土砻、木砻及制面粉的磨、罗等。《作咸》论述海盐、池盐、井盐等盐产地及制盐技术，尤其详尽论述海盐和井盐。《甘嗜》叙述甘蔗种植、榨糖和制糖技术及工具，还有蜂蜜和麦芽糖等。每篇叙述均有主有次，选择重要产品为研究重点，突出介绍先进地区的生产技术。

中卷有七篇，多为手工业技术。《陶埏》叙述房屋建筑所用砖瓦及日常生活所用陶瓷器的制造及工具，着重江西景德镇生产民用白瓷的技术，从原料配制、造坯、过釉到入窑烧制都给予说明。《冶铸》是论述中国传统铸造技术最详细的记录，着重叙述铜钟、铁锅和铜钱铸造技术及设备，包括失蜡、实模及无模铸造三种基本方法。《舟车》专述有关交通工具。《锤锻》系统论述铁器和铜器锻造工艺，从万斤大铁锚到纤细绣花针都在讨论范围之内，而各种生产工具如斧、凿、锄、锯等制造以及焊接、金属热处理等金属加工工艺的普及。《燔石》涉及烧制石灰、采煤、烧制矾石、硫黄和砒石技术，对煤的分类、采掘、井下安全作业均有论述。《膏液》介绍十六种油料作物的产油率、油的性状、用途，以及用压榨法与水代法提制油脂的技术和工具，还谈及柏皮油制法及用柏油制蜡烛的技术。《杀青》论纸的种类、原料及用途，详细论述了造竹纸及皮纸的全套工艺技术和设备，所提供的生产操作图特别珍贵。

下卷有五篇，也属工业。《五金》论述金、银、铜、铁、锡、铅、锌等金属矿开采、洗选、冶炼和分离技术，还有灌钢、各种铜合金的冶炼，所附生产过程图十分难得。其中记载不少中国发明创造。《佳兵》涉及弓箭、弩等冷武器及火药、火器的制造技术，包括火炮、地雷、水雷、鸟铳和万人敌等武器。《丹青》主要叙述以松烟、油烟制墨及做颜料用的银朱（硫化汞）的制造技术，产品用于文房。《曲糵》记述酒母、药用神曲及丹曲（红曲）所用原料、配比、制造技术和产品用途，其中红曲具有特殊性能，是宋代之后才出现的新产品。《珠玉》则记述南海采珠、新疆和田地区采玉，还谈到井下采宝石的方法和加工技术，兼有玛瑙、水晶和琉璃。

全书除文字叙述之外，还附有一百二十三幅插图，配以说明，展示工农业各有关生产过程，生动而真实，书中绝大部分内容都是在南北各地实地调查的资料。

宋应星在叙述各生产过程的同时，还发展了科学试验的研究方法。他对各种迷信神怪、荒诞旧说都有所批判，如对炼丹术的批判更为激烈，从而在科学技术领域内注入一种新的科学精神，这是《天工开物》一书的最大特色，使人们感到耳目一新。

【专家品析】

宋应星是中国17世纪明代著名的科学家，他的最主要的代表作《天工开物》，被誉为17世纪中国科技的百科全书。全书三卷十八篇，所叙述内容涉及中国古代农业和手工业三十个生产部门的技术和经验，几乎包括了社会全部生产领域。编次先后顺序是按照“贵五谷而贱金玉”的原则安排的，将与食、衣有关的农业放在首位，其次是有关工业，而以珠玉殿后，体现了他重农、重工和注重实学的思想。该书影响波及世界，宋应星因而在世界科学史上享有极高的盛誉。

【科学成就】

《天工开物》全书详细叙述了各种农作物和工业原料的种类、产地、生产技术和工艺装备，以及一些生产组织经验，既有大量确切的数据，又绘制了一百二十三幅插图。全书分上、中、下三卷，又细分为十八卷。上卷记载了谷物豆麻的栽培和加工方法，蚕丝棉苎的纺织和染色技术，以及制盐、制糖工艺。中卷内容包括砖瓦、陶瓷的制作，车船的建造，金属的铸锻，煤炭、石灰、硫黄、白矾的开采和烧制，以及榨油、造纸方法等。下卷记述金属矿物的开采和冶炼，兵器的制造，颜料、酒曲的生产，以及珠玉的采集加工等。

37 历算名家开山祖，天文数学承易经（梅文鼎·清）

【生平简介】

姓名：梅文鼎。

字：定九；勿庵。

出生地：安徽宣城。

生卒年：1633—1721年。

身份：天文学家、数学家。

主要成就：著有《明史历志拟稿》、《历学疑问》、《古今历法通考》、《勿庵历算书目》等。

【名家推介】

梅文鼎（1633—1721），字定九，号勿庵，汉族，安徽省宣城市人。他是清初著名的天文学家、数学家，为清代“历算第一名家”和“开山之祖”。

他的天文学著作有四十多种，数学著作二十多种，著名著作有《明史历志拟稿》、《历学疑问》、《古今历法通考》、《勿庵历算书目》等。

【名家故事】

梅文鼎一生以读书、著书为事，以教书为业，把学习研究和传道授业结合为一体。他交游广泛，足迹遍及大江南北，他一面设馆授徒，一面寻师访友，他向别人请教，虚怀若谷；为人答疑解难，则循循善诱，诲人不倦。他的著作，深入浅出，通俗易懂。

康熙八年至十六年间，梅文鼎与方中通在南京第四次见面，他们交谊深厚，每次都商讨论辩中西数学问题；其后又有多次书信来往。梅文鼎为方中通所撰算书《数度衍》作序言；方中通则为梅文鼎著《中西算学通》作序言。康熙十二年梅文鼎应施润章的邀请，撰写《宁国府志分野稿》、《宣城县志分野稿》各一卷，后又应皖江陈默江太史函请，撰写《江南通志分野拟稿》一卷。

康熙二十八年，奉明史馆邀请，梅文鼎到达北京，广交学者名流，梅文鼎关于历算的宏论，一时名声大震，梅文鼎在北京、天津前后有五年时间，曾撰写《明史历志拟稿》三卷。然而由于朝中官员的妒忌，他又素性恬淡，只是在北京和天津等处，设馆授徒和研究学问而已。

康熙四十一年，康熙帝南巡到德州，大臣李光地向皇帝进献梅文鼎《历学疑问》三卷，康熙十分赏识，带回宫仔细阅读。次年春，康熙将御笔批阅过的本子给了李光地说：“此书没有毛病和错误，可以成为术数计算的教育版本。”这一年，梅文鼎再次应李光地的邀请，一方面教授李氏子弟和青年学者，一方面校订所著《弧三角举要》等书，准备印刷。

康熙四十四年农历闰四月，康熙帝于南巡途中，在德州运河船上三次召见梅文鼎，并数次给予他对历算的褒奖。

梅文鼎70岁时撰写《勿庵历算书目》一卷，介绍他所著书的内容梗概和写作缘起。晚年他还在家乡孜孜不倦地整理校订平生所著各书，以备刊印。

康熙六十年，梅文鼎卒于家乡宣城，时年89岁。康熙帝特命江宁织造曹为之为他办理丧事，选择墓地。

梅文鼎的一生的科学贡献主要体现在：

元代中叶以前，中国数学、天文学研究居世界领先地位。但经元末明初以来三百余年的荒废，到了清初，出现了经典散失、算法失传、历法失修的严重局面，中国传统的历算学几乎成了绝学。而在此期间，欧洲经历了文艺复兴运动，科学技术突飞猛进。以利玛窦为首的一批传教士于明末进入中国，带来了《几何原本》和西洋历法等科学知识，受到了以徐光启为代表的部分知识分子的欢迎；但同时也遭到了以杨光先为代表的保守派的抵制和反对。到了清初，新旧历法之争更趋激烈，演成了长达十年之久的“历法诉讼”。梅文鼎深知这场历法争议将无休无止，所以，首先自己广泛搜寻古今中外历算书籍，下工夫研读，力求贯通，遇所疑处，废寝忘食。中国传统历法，以元代郭守敬《授时历》最为精密，明代沿用更名为《大统历》。梅文鼎的研究从大统历、授时历开始，向上追溯到历代七十余家历法，一一探求它的根本与源流；同时参阅考究西洋各家历法，比较中西异同之处，求得中西历法的融合。于是编著《古今历法通考》五十八卷，后来增补成七十余卷。又著其他历算书五十多种，其中《历学疑问》三卷、《历学疑问补》二卷、《交食管见》一卷、《交蚀蒙求》三卷、《平立定三差解》一卷等，被乾隆钦定《四库全书》收录。

历法的制定和修改离不开测算，历理更需要用数学原理来阐明。梅文鼎为研究天文历法的需要，对数学进行了深入的研究，取得了重大成就。他的第一部数学著作是《方程论》，撰成于康熙十一年。当时正是西洋传教士趾高气扬、蔑视中国传统文化之时，梅文鼎抓住“方程”这一中国传统数学精华首先发论，来显示中华数学的骄傲，是颇有爱国情怀的。

但他对于西算却能采取正确的态度，他在发掘整理中国古算的同时，潜心研读《几何原本》等西算书籍，力求会通中西算法。他把所著二十六种数学书统名为《中西算学通》，以此来实践他的主张。其中《筹算》七卷、《笔算》五卷、《度算释例》二卷、《平三角法举要》五卷、《弧三角举要》五卷、《环中黍尺》五卷、《堑堵测量》二卷、《方圆幂积》二卷、《几何补编》五卷，连同《方程论》六卷等共十四种，都被《四库全书》辑录，对后世数学界影响特别巨大。

【专家品析】

梅文鼎天文历算和数学著作大致可分为五类： 一是对古代历算的考证和补订；二是将西方新法结合中国历法融会一起的阐述； 三是回答他人的疑问和授课的讲稿；四是对天文仪器的考察和说明；五是对古代方志中天文知识的研究。他的数学著作达二十六种，集中西数学于一炉，集古今中外之大成，总名为《中西算学通》。

梅文鼎不仅是一位有杰出成就的自然科学家，而且能诗能文，他所写的序言、引言之类，落笔成趣，文采斐然，颇有文学欣赏价值。他既不泥古守旧，也不盲目崇拜，而是批判地吸收外来文化。梅文鼎是我国承前启后的杰出的天文学家、数学家，与英国的牛顿、日本的关孝和同称为世界科学巨匠。

【科学成就】

梅文鼎中西天文学的造诣很深，天文学著作有四十多种，纠正了前人的许多错误，在这些方面的贡献，对当时和后世融会贯通中西方天文学具有很大的作用。

梅文鼎最重要的贡献是在数学方面，他写了二十多种数学著作，将中西方的数学进行了融会贯通，对清朝数学的发展起了推动作用。

38 岐黄要术苦专研，医术精深噪当世（王清任•清）

【生平简介】

姓名：王清任。

别名：全任；字：勋臣。

出生地：中国河北。

生卒年：1768—1831年。

身份：医生。

主要成就：著有《医林改错》。

【名家推介】

王清任（1768—1831），又名全任，字勋臣。清代直隶省（今河北省）玉田县人，他是富有革新精神的解剖学家和医学家。

他年轻时精心学医，并在北京开一药铺行医，医术精深，在当时很有影响。他孜孜不倦地研究典籍，在古书中对人体构造与实际情况不符的地方，敢于提出修正批评，精心观察人体的构造，并绘制图形，纠正前人错误，写成《医林改错》传于后世。

【名家故事】

王清任受祖上行医影响，二十岁弃武习医，几年之后誉满玉田。三十多岁时，到北京设立医馆“知一堂”，成为京师名医。他医病不为前人的经验所困，用药独到，治愈不少疑难病症。

王清任一生读了大量医书，冲破封建礼教束缚，进行近三十年的解剖学研究活动。嘉庆二年，王清任到滦县稻地镇行医时，适逢流行“温疹痢症”，每日病死小孩一百多人，他冒着被传染的危险，一连十多天，详细对照研究了三十多具尸体内脏，和古医书所绘的“脏腑图”相比较，发现古书中的记载多不相符，他为了解除对古医书中说的小儿“五脏六腑，成而未全”的怀疑，嘉庆四年六月，在奉天行医时，闻听有一女犯将被判处剐刑(肢体割碎)，他赶赴刑场，仔细观察，发现成人与小儿的脏腑结构大致相同。后他又去北京等地多次观察尸体，并向见过死人的人求教，明确了横膈膜是人体内脏上下的分界线。

王清任也曾多次做过动物解剖实验，经过几十年的钻研，于道光十年，即他逝世的前一年，著成《医林改错》一书刊行。

王清任治学态度十分严谨，主张医学家著书立说应建立在亲自诊治和万无一失的基础之上。他反对因循守旧，勇于实践革新，终成名于世。《医林改错》一书极大地丰富了祖国医学宝库，此书曾被节译成外文，对世界医学的发展也有一定影响，西方医学界称王清任为中国近代解剖学家。

王清任在《医林改错》中订正了古代解剖学中的许多讹谬。他对人的大脑也有新的认识，正确地提出如果脑子出了毛病，就会引起耳聋、眼瞎、鼻塞甚至死亡。在临床实践方面，对气血理论作了新的发展，他认为“气”和“血”是人体中的重要物质，主张治病要以治疗气血为主。在他治疗疾病的处方中，提出“补气活血”、“逐淤活血”两个治疗方法，这就是活血化淤的理论，迄今仍有实用价值。他创立的“血府逐淤汤”等八个方剂，疗效显著。他创立和修改古方三十三个，总结出了气虚症状六十种、血淤症状五十种。创制的药方治疗范围十分广泛，“补阳还五汤”是治疗冠心病、半身不遂的有效名方。我国医学界至今仍沿用王清任的某些方剂，对治疗脑膜炎后遗症、小儿伤寒瘟疫、吐泻等症都有良好的效果。

王清任作为一位杰出的医学革新家，在所著《医林改错》中，一是比较准确地描述了胸腹腔内脏器官、血管等解剖位置，较过去有改正，有发现；二是创活血化淤新理论拟出许多新方，在临床上很有奇效；三是否定胎养、胎毒等陈说。

王清任是我国清代的一位注重实践的医学家，他对祖国医学中的气血理论做出了新的发展，特别是在活血化淤这方面有独特的贡献。他创立了很多活血逐淤方剂，注重分辨淤血的不同部位而分别给予针对性治疗，他的方剂一直在中医界受到重视，并广泛应用于临床，经临床实践验证，疗效可靠。

他的第二大理论，关于“淤血”的学说，存在两方面的评价：一方面，在理论上，有人说他创立的淤血学说补充了中医病机学和方药学；但也有人认为，他在尸场对多具尸体进行了实地的考察和解剖而得出的结论，从研究方法上来讲并不符合传统的中医认知法则，而且他所说的“淤血”，实际上应该说是“死血”，失去了生命的人，身上的血液自然不会流动。而中医理论中所讲的“淤血”，也并不都是肉眼可见的。但是在立法和用方上，大多数的医家对其评价却十分肯定。他在淤血症的治法上有了很大的创新，认识非常深刻，其间进行了更深透的分析，还留下了“膈下逐淤汤”、“血府逐淤汤”之类的优秀方剂。但在使用时必须辨证准确，才能使用这种方法，也不能仅限于气血致病的学说，为医者时时不可或忘辨证论治的原则，灵活机变，随症加减。

虽然后世医家对王清任的《医林改错》有着褒贬不一的评价，但是他肯于实地观察，亲自动手的精神值得肯定。他为医世者留下了宝贵的资料，在淤血症的立法及方剂的创立上有着很大的学术价值。

【专家品析】

王清任是我国清代的一位注重实践的医学家，他对祖国医学中的气血理论做出了新的发展，特别是在活血化淤方面有独特的贡献。他创立了很多活血逐淤方剂，注重分辨淤血的不同部位而分别给予针对性治疗，他的方剂一直在中医界受到重视，并广泛应用于临床。经临床实践验证，疗效可靠。

【科学成就】

《医林改错》二卷，王清任撰刊于道光十年，是他实践经验四十二年的呕心沥血之作，也是我国中医解剖学上具有重大革新意义的著作。《医林改错》一书极大地丰富了祖国医学宝库，此书曾被译成外文，对世界医学的发展也有一定影响，王清任被西方医学界称为“中国近代解剖学家”。

39 近代化学启蒙者，自学成才译著多（徐寿·清）

【生平简介】

姓名：徐寿。
字：雪邨；号：生元。
出生地：江苏省无锡市郊外。
生卒年：1818—1884年。
身份：中国近代化学的启蒙者。
主要成就：翻译了关于蒸汽机的专著《汽机发轫》。

【名家推介】

徐寿（1815—1884），字雪邨，号生元，江苏无锡北乡人，科学史专家公推徐寿为我国近代化学的启蒙者。

他积极倡议设置翻译馆，在英国传教士合作下，翻译出版科技著作十三部，其中西方近代化学著作六部六十三卷，有《化学鉴原》、《化学鉴原续编》、《化学鉴原补编》、《化学考质》、《化学求数》、《物体通热改易论》等，将西方近代化学知识系统地引进中国，所创造的钠、钙、镍、锌、锰、钴、镁等中文译名，一直沿用至今。

【名家故事】

鸦片战争失败的耻辱，促使清朝统治集团内部兴起一阵办洋务的热潮。所谓洋务即是应付西方国家的外交活动，购买洋枪洋炮、兵船战舰，还学习西方的办法兴建工厂、开发矿山、修筑铁路、办学堂。但是，作为封建官僚权贵，洋务派大都不懂这些学问，兴办洋务，除了聘请一些洋教习外，还必须招聘和培养一些懂得西学的中国人才。洋务派的首领李鸿章就上书要求，除八股文考试之外，还应培养工艺技术人才，专门设立这一科的考试，在这种情况下，博学多才的徐寿引起了洋务派的重视，曾国藩、左宗棠、张之洞都很赏识他。

1861年，曾国藩在安庆开设了以研制兵器为主要内容的军械所，他知道徐寿研精器数、博学多通，于是征聘了徐寿和他的儿子徐建寅，以及包括华蘅芳在内的其他一些学者。

徐寿在掌握科学知识的同时，很喜欢自己动手制作各种器具，他曾在《博物新编》一书中得到一些关于蒸汽机和船用汽机方面的知识，所以徐寿等在安庆军械所接受的第一项任务是试制机动轮船。根据书本提供的知识和对外国轮船的实地观察，徐寿等人经过三年多的努力，终于独立设计制造出以蒸汽为动力的木质轮船。这艘轮船命名为“黄鹄”号，是我国造船史上第一艘自己设计制造的机动轮船。为了造船需要，徐寿在此期间亲自翻译了关于蒸汽机的专著《汽机发初》，这是徐寿翻译的第一本科技书籍，它标志着徐寿从事翻译工作的开始。

1866年年底，李鸿章、曾国藩要在上海兴建主要从事军工生产的江南机器制造总局。徐寿凭借自己出众的才识，被派到上海襄办江南机器制造总局。徐寿到任后不久，根据自己的认识，提出了办好江南机器制造总局的四项建议：“一为译书，二为采煤炼铁，三为自造枪炮，四为操练轮船水师。”把译书放在首位是因为他认为，办好这四件事，首先必须学习西方先进的科学技术，译书不仅使更多的人学习到系统的科学技术知识，还能探求科学技术中的真谛，即科学的方法、科学的精神。正因为他热爱科学、相信科学，在当时封建迷信盛行的社会里，他却成为一个无神论者。他反对迷信，从来不相信什么算命、看风水等，家里的婚嫁丧葬不选择日子，有了丧事也不请和尚、道士来念经。他反对封建迷信，但也没有像当时一些研究西学之人，跟着传教士信奉外来的基督教，这种信念在当时的确是难能可贵的。

为了组织好译书工作，1868年，徐寿在江南机器制造总局内专门设立了翻译馆，除了招聘包括傅雅兰、伟烈亚力等几个西方学者外，还召集了华蘅芳、季凤苍、王德钧、赵元益和儿子徐建寅等略懂西学的人才。年复一年，他们共同努力，克服了层层的语言障碍，翻译了数百种科技书籍。这些书籍反映了当时西方科学技术的基本知识、发展水平及发展动向，对于近代科学技术在我国的传播起了很大的作用。

徐寿和他的译书馆，随着一批批介绍国外科学技术书籍的出版发行，声誉大增。在制造局内，徐寿对于船炮枪弹还有多项发明，例如他能自制镪水棉花药（硝化棉）和汞爆药（即雷汞），这在当时确是很高明的。他还参加过一些厂矿企业的筹建规划，这些工作使他的名气更大了。李鸿章、丁宝侦、丁日昌等官僚都争先以高官厚禄来邀请他去主持他们自己操办的企业，但是徐寿都婉言谢绝了，他决心把自己的全部精力都投入到译书和传播科技知识的工作中去。

直到1884年逝世，徐寿译著的化学书籍和工艺书籍有十三部，反映了他的主要贡献。徐寿所译的《化学鉴原》、《化学鉴原续编》、《化学鉴原补编》、《化学求质》、《化学求数》、《物体遇热改易记》、《中西化学材料名目表》，加上徐建寅译的《化学分原》，合称化学大成，将当时西方近代无机化学、有机化学、定性分析、定量分析、物理化学以及化学实验仪器和方法作了比较系统的介绍。徐寿的译著合编为《西艺知新初集》、《西艺知新续集》，这一套介绍当时欧洲的工业技术的书籍被公认是当时最好的科技书籍。此外，徐寿在长期译书中编制的《化学材料中西名目表》、《西药大成中西名目表》对近代化学在我国的传播发展发挥了重要作用。

【专家品析】

在徐寿生活的年代，要把西方的科学技术的术语用中文表达出来是项开创性的工作，做起来实在是困难重重。徐寿译书的过程，是翻译把书中原意讲出来，徐寿理解口述的内容，用适当的汉语表达出来。几乎全部的化学术语和大部分化学元素的名称，在汉字里没有现成的名称，这是徐寿在译书中遇到的最大困难，为此徐寿花费了不少心血。徐寿巧妙地应用了取西文第一音节而造新字的原则来命名，例如钠、钾、钙、镍等。徐寿采用的这种命名方法，后来被我国化学界接受，一直沿用至今。

综观徐寿的一生，不图科举功名，不求显官厚禄，勤勤恳恳地致力于引进和传播国外先进的科学技术，对近代科学技术在我国的发展做出了不朽的贡献，当之无愧为科学家的一生、近代化学的启蒙者。

【科学成就】

徐寿引进和传播国外先进的科学技术，他把全部心血倾注于译书、科学教育及科学宣传普及事业上，翻译了关于蒸汽机的专著《汽机发初》，为了传授科学技术知识，创建了格致书院，为我国兴办近代科学教育起了很好的示范作用。

40 创地质力学理论，成中华科技元勋（李四光·当代）

【生平简介】

姓名：李四光。

原名：李仲揆。

生卒年：1889—1971年。

身份：学者、地质学家。

主要成就：著有《地质力学之基础与方法》、《地质力学概论》。

【名家推介】

李四光（1889—1971），中国著名地质学家，湖北省黄冈县人，蒙古族，字仲拱，原名李仲揆。曾任北京大学教授、中央研究院地质研究所所长。从事古生物学、冰川学和地质力学的研究和教学工作。

建国后，历任中国科学院副院长、中国科学院古生物研究所所长、地质部部长、中国科学院地学部委员、中国科协主席等职。首创地质力学，后世称他为“中国地质学之父”。

【名家故事】

李四光出生在湖北黄冈县的回龙山镇，因为他是父亲的第二个儿子，所以，父亲给他起名叫李仲揆。

少年时的李仲揆刻苦学习，成绩一直优秀。1902年，14岁的李仲揆听说省城办了一所官费的高等小学堂，凡是学习好的都可以去报考，特别是听说那里不学“四书五经”，而是教授国文、算学，成绩优秀者还能出国留学。因此，李仲揆终于说服了父母，带着借来的几个盘费，徒步到省城报考。

李仲揆办理了报考手续，买了一张报名单。不知是由于太兴奋、太紧张，还是没见过世面，李仲揆提笔在姓名栏中端端正正写下了“十四”二字，而不是“李仲揆”。“糟糕！”他差点儿叫起来，“怎么能把年龄当成自己的名字呢。”

无论怎样后悔，也已经晚了，重新买一张报名单吧，身上剩下的钱已经不多了，何况还要住宿、吃饭。

李仲揆双眼注视着“十四”二字，他重新提起笔，把“十”字改成“李”字，然而，这“四”字与“仲”字的笔画和字形却相差太大，确实难以改成。难道还能改叫“李四”不行！不真成了人们平时说到不相干的人而代用的“张三”、“李四”了吗！

第一次离家出门就遇到了这样的难题，他急得鼻子尖都渗出了汗珠。忽然，眼睛一亮，瞥见大厅正中挂着一块横匾，上面刻着“光报四表”四个大字，李仲揆急中生智，在“四”字的下面，加上了一个“光”字。

“李四光”！李仲揆端详着自己起的新名字，心里充满了胜利者的喜悦：好！四面光明，光照四方，前途大有希望！

他以第一名的成绩考取了南路高等小学堂。从此，李四光便“取代”了李仲揆。他那富有战斗性和科学精神的一生，也正如他的名字一样，光照四方！

年轻的李四光，曾被派往日本学造船，后派往英国改学地质，取得了地质学硕士学位。他不为国外优厚的待遇和工作所动，学成后毅然回国了。

回国后的李四光先担任北京大学地质系教授、系主任，1928年又到南京担任中央研究院地质研究所所长，后当选为中国地质学会会长。1949年秋新中国成立在即，正在国外的李四光被邀请担任政协委员，得到这个消息后，他立即做好了回国准备，夫妇二人在巴塞尔买了从意大利开往香港的船票，于1949年12月启程秘密回国。

回到新中国怀抱的李四光被委以重任，先后担任了地质部部长、中国科学院副院长、全国科联主席、全国政协副主席等职。

李四光一生在地质科学上取得了非凡成绩，其中为祖国赢得第一荣誉的就是发现了中国内地有第四纪冰川遗迹，以大量的实据，推翻了那些国内外学术权威认为在中国不存在第四纪冰川的理论。此外，李四光的最大贡献是创立了地质力学，并以力学的观点研究地壳运动现象，探索地质运动与矿产分布规律，新华夏构造体系的特点，分析了中国的地质条件，说明中国的陆地一定有石油，从理论上推翻了中国贫油的结论，肯定中国具有良好的储油条件。

李四光热爱地质科学，从事科学研究，一向是一丝不苟的，对学生的要求也是严格的，连走路，也要学生练好基本功。他经常对学生说："搞地质经常到野外去工作，脚步就是测量土地、计算岩石的尺子，要求迈出的每一步的距离都要相等，并且要记住自己每一步的步长。"

李四光要求学生做的，自己首先做到。他养成了一个习惯，走路不紧不慢，步子大小相等，迈一步就是0.85米，不论到哪儿，他仿佛老在度量距离。

李四光搞科研，每天总是要到街上路灯通明时分，才骑着自行车回家，爱人总是焦急地等待着他回来吃饭。繁忙时，李四光连回家吃饭也忘了，爱人等急了，只得派女儿去叫他。一天，他为撰写一篇学术论文，竟忘记天晚该回家了。他正在凝神思考时，偶尔抬眼，瞅见一个小女孩静悄悄地站在桌边，他未加理会，又低头继续写作，并轻声催道："你是谁家的小姑娘啊？天这么晚了，快回家吧，不然你妈妈该等着急啦！"这时，只听见小女孩埋怨说："爸爸，妈妈不是等我着急，是等你在着急呀！"李四光听到孩子叫他才恍然大悟：原来这小女孩是自己的女儿李林。他不由得笑出声来，忙答道："这就回家，这就回家。"

李四光晚年仍极大地关注地震研究，他经常分析大量的观察资料，还冒着动脉瘤破裂的危险，多次深入实地考察地震的预兆。逝世的前一天，他还恳切地对医生说："只要再给我半年时间，地震预报的探索工作就会看到结果的。"1971年4月29日，李四光因病逝世，享年82岁。

【专家品析】

李四光是我国杰出的地质学家，地质力学的创造者和新中国地质事业的开拓者与奠基人。他以独到的学术见解创立的地质力学，不仅圆满地解决了各种地质构造形式的形成机制，而且成功地指导了找矿工作。

根据他的理论，我国相继发现了大庆油田、胜利油田、大港油田等重要油田，他为祖国的社会主义建设做出了卓越贡献，在国际上他也享有很高的声誉。

【科学成就】

李四光是中国地质力学的创立者。他主张用力学研究地壳现象、探索地壳运动与矿产分布的规律，把各种构造形迹看做地应力活动的结果，从而创立了"构造体系"的基本理论。用此理论分析中国东部地质构造特点，认为新华夏构造体系的三个沉降带具有大面积储油层。

在地震地质工作方面，他主张在研究地质构造活动性的基础上观测地应力的变化，为实现地震预报指明了方向。著有《中国地质学》、《地质力学概论》、《地震地质》、《天文、地质、古生物》等。

41 炸桥挥泪断通途，不复原桥不丈夫（茅以升·当代）

【生平简介】

姓名：茅以升。
别名：茅唐臣。
出生地：江苏镇江。
生卒年：1896—1989年。
身份：土木工程学家，桥梁专家。
主要成就：主持修建钱塘江大桥。

【名家推介】

茅以升(1896—1989)，字唐臣，江苏镇江人。土木工程学家、桥梁专家、工程教育家。20世纪30年代，他主持设计并组织修建了钱塘江公路铁路两用大桥，成为中国铁路桥梁史上的一个里程碑，在我国桥梁建设方面做出了突出的贡献。

他主持我国铁道科学研究院工作三十余年，为铁道科学技术进步做出了卓越的贡献。他是积极倡导土力学学科在工程应用的开拓者，在工程教育中，始创启发式教育法，坚持理论联系实际，致力教育改革，为我国培养了一大批科学技术人才。长期担任领导工作，是我国工程学术团体的创建人之一。

【名家故事】

20世纪30年代，正在兴建中的浙赣铁路要与沪杭铁路衔接，需在钱塘江上架设一座大桥。1934年，时任钱塘江大桥桥工处处长的茅以升，受命开始主持这第一座由中国人自己修建的钢铁大桥工程。之前，在中国的大川大河上，虽已有一些大桥，但都是外国人造的：济南黄河大桥是德国人修的、蚌埠淮河大桥是美国人修的、哈尔滨松花江大桥是俄国人修的……可以想象，茅以升担负着一项前所未有的重任，他要用自己的智慧来证明中国人有能力建造现代化大桥。

钱塘江又称钱江，地处入海口，潮水江流，汹涌澎湃，风波甚为险恶，其潮头壁立的钱江潮与随水流变迁无定的泥沙是建桥的两大难题。茅以升在造桥过程中，克服了许许多多的困难，他曾采用“射水法”、“沉箱法”、“浮运法”等，解决了建桥中的一个个技术难题，保证了大桥工程的进展。

1937年，大桥快要竣工之际，上海“八一三”抗战爆发了。钱塘江大桥还未交付使用就先经受了抗日战火的洗礼。在“八一三”的第二天，即8月14日就有三架日军飞机来工地轰炸，当时他正在六号桥墩水下30米的沉箱里和几个工程师及监工员商量问题，忽然沉箱里电灯全灭，一片黑暗，原来因日军飞机轰炸，工地关闭了所有的电灯。

工程未完，战火已烧到了钱塘江边，此时江中的桥墩，还有一座未完工，墩上的两孔钢梁无法安装，在此后的四十多天里，建桥的工人们同仇敌忾，以极大的爱国热情，冒着敌人炸弹爆炸的尘烟，夜以继日地加速赶工，1937年9月26日清晨，第一列火车从大桥上通过，在通车的当日，运送大批军火物资的列车就开始陆续从这座大桥上通过了。

此后，上海的抗战形势一天比一天吃紧。同年11月16日下午，南京工兵学校的一位教官在桥工处找到茅以升，向他出示了一份南京政府绝密文件，并简单地介绍了当前十分严峻的形势后说：“如果杭州不保，钱塘江大桥就等于是给日本人造的了！”南京政府的文件上，要求炸毁钱塘江大桥，这是不得已而为之的事。南京来人还透露，炸桥所需炸药及爆炸器材已直接由南京运来，就在外边的汽车上。

集两年半心血建成的大桥，铁路刚刚通车，就要自己亲手去炸毁它，这真是一件痛心的事情，茅以升经历着一生中最痛苦的时刻，他同工程技术人员商量和慎重考虑后，最后订下了炸桥方案。

当天晚上，所有的炸药就都安放到了南岸第二个桥墩内和五孔钢梁的杆件上，一百多根引线，从一个个引爆点连接到南岸的一所房子里，只等一声命令，就把大桥的五孔一墩全部炸毁。

11月17日凌晨，茅以升接到当时的浙江省政府的命令，因大量难民涌入杭州，渡船根本不够用，钱塘江大桥公路部分必须于当天全面通车。浙江省政府此时也不知道大桥上刚刚装置了炸药，因此事是高度保密的。大桥公路的路面早在一个多月前就已竣工了，只因怕敌机轰炸，尚未开放，现在何以又叫通车呢？原来，杭州三廊庙到西兴的过江义渡，平时每天就有一二万人来往，上海战事爆发后，过江的人更多了，渡江的船本来就不够用，等待过江的人太多，加上战事更紧，形势严重，迫不得已省政府才决定开放大桥。当日，大桥全面通车，这一天，得到消息的人们，从杭州、宁波远道而来，成千上万的群众来到六和塔下的钱塘江边，甚至连六和塔上也都站满了人。第一辆汽车从大桥上驶过时，两岸数十万群众掌声雷动，场面十分感人。但有谁能知道，数百公斤炸药此时就安置在桥身上，这座由中国人自己设计施工建造的大桥在落成之日，竟然就已面临着被炸毁的命运！

12月22日，日军进攻武康，直逼富阳，杭州危在旦夕。钱江大桥上南渡的行人更多，固不必说，而铁路方面，上海和南京之间已不能通车，钱江大桥成了撤退的唯一通道，据当时的铁路局估计，22日这一天有三百多台机动车和超过二千节客货车通过大桥。

第二天，日军开始攻打杭州，当天下午一点多钟，茅以升终于接到命令：炸桥。下午三点，炸桥的准备工作全部就绪。他站在桥头看着桥上的黑压压涌过来的难民，心头涌起对日寇无比的愤怒。傍晚五时，日军骑兵扬起的尘烟已然隐隐可见，茅以升命令关闭大桥，禁止通行，实施爆破！

随着一声巨响，这条1453米的卧江长龙被从六处截断。这座历经了925

天夜以继日的紧张施工，耗资160万美元的现代化大桥，仅仅存在了89天。

大桥炸毁的这一天晚上，茅以升在书桌前写下了八个字：抗战必胜，此桥必复；并赋诗一首：斗地风云突变色，炸桥挥泪断通途，五行缺火真来火，不复原桥不丈夫。

大桥炸毁后，桥工处全部撤退，茅以升带着在钱塘江大桥建设过程中的所有图表、文卷、相片等十四箱重要资料一起撤退。整个抗日战争时期，茅以升一家在躲避战乱的路途中舍弃了许多家什，却将这些珍贵的资料尽数保存下来，解放后移交给上海铁路局和浙江省档案馆，成为国家重点档案中的珍品，并为探明杭州市水文情况及建设钱江二桥节省了大量资金。抗日战争胜利了，茅以升又受命组织修复大桥，1948年3月，全部修复工程结束，钱塘江大桥又重新飞跨在钱塘江的波涛之上。

至此，茅以升主持的钱江大桥工程，前后十四年，经历了建桥、炸桥、修桥三个时期，这是古今中外建桥史上从未有先例的事情。

【专家品析】

钱塘江大桥建成于抗日烽火之中，它不仅在中华民族抗击外来侵略者的斗争中书写了可歌可泣的一页，也是我国桥梁建筑史上的一座里程碑，同时它也是我国桥梁工程师的摇篮。而这座大桥经历的一段传奇，却是最令人难忘的，这是茅以升一生前期关于桥梁建设最伟大的贡献。

在社会主义建设过程中，他更是为祖国做出了卓越的贡献，为此，2008年在由中国科学技术协会组织的评选中，他和袁隆平、竺可桢等一起获评中国十大科技传播优秀人物。

【科学成就】

代表作：《中国古桥技术史》及《中国桥梁——古代至今代》、《钱塘江桥》、《武汉长江大桥》、《茅以升科普创作选集》、《茅以升文集》等。茅以升说过：“桥梁是自古有之，最普遍而又最特殊的建筑物。”

㊷ 制碱工艺闻世界，中国化学第一人（侯德榜·当代）

【生平简介】

姓名：侯德榜。

别名：侯启荣。

出生地：福建省闽侯县。

生卒年：1890—1974年。

身份：化学家。

主要成就：著有《纯碱制造》、《制碱工学》，创立“侯氏制碱法”，发展小化肥工业。

【名家推介】

侯德榜（1890—1974），又名侯启荣，字致本，福建省侯官县风尾坡村人。中国化学家，“侯氏制碱法”的创始人。

在中国化学工业史上，侯德榜是一位杰出的科学家，他为祖国的化学工业事业奋斗终生，并以独创的制碱工艺闻名于世，他就像一块坚硬的基石，托起了中国现代化学工业的大厦，著作有《制碱工学》等。

【名家故事】

侯德榜生于清光绪十六年，1913年毕业于北京清华留美预备学堂，以十门功课一千分的成绩被保送入美国麻省理工学院化工科学习。1917年毕业于美国麻省理工学院化工科，1921年获哥伦比亚大学博士学位，并受范旭东的邀请离美回国，承担起碱厂的技术重任，从此，两人亲密合作二十余年，为中国化工事业的发展立下了汗马功劳。

侯德榜在碱厂紧张的筹建工作中，从整个工艺流程设计，到土建施工，到设备安装，他都事必躬亲，严格把关。他成天穿着工作服，在工地上解决着一个个技术难题。1924年，工厂全部建成，只等试运行了。工艺设计是否合理？设备安装是否正确？最权威的判定，就是能不能出碱。整个流水线，分化盐、烧灰、吸氨、碳化、烤碱、蒸氨、动力七个部分，安装好的设备，静静等着他的号令。这时的侯德榜，心情十分激动。因为他现在使用的基本原理，是“氨碱法”，此法是比利时化学工程师苏尔维所创，故也叫“苏尔维法”。

这种制碱法在当时世界上是最先进的，但是为了维护自身集团的高额利润，苏尔维的技术一直严密封锁，侯德榜与苏尔维的原理虽然相同，但整个工艺却是自己潜心研究的成果，能否打破苏尔维的技术垄断，就在此一举。

侯德榜深知，试运行不会一帆风顺。果然开机不久，三十多米高的蒸氨塔发出巨大响声，并开始摇晃起来，侯德榜立即采取应急措施并着手处理，直到半夜，才排除故障。没想到干燥锅又出了问题，湿热的碱在里面结成“大锅巴”。

侯德榜不灰心，仔细观察研究，听取一线工人的意见。他凭着深厚的功底，迅速找到了原因和解决办法。就这样问题不断出，又不断解决，有的调整，有的重新设计，有的改建，渐渐地整个设备运转趋于正常了。雪白的纯碱终于生产出来了，苏尔维的技术垄断，由中国人打破了。1926年6月，中国人生产的红三角牌纯碱，在美国费城万国博览会上获得了金奖，被誉为中国近代工业进步的象征。

自从侯德榜打破了苏尔维集团的技术封锁，并在1932年发表了《制碱工业》一书之后，他就成为中外化工界的知名人物。然而就在侯德榜的事业快要日上中天之时，日本帝国主义的全面侵华战争开始了，日本人当然了解他的价值，于是通过各种手段通知他，想与他合作。侯德榜宁肯毁掉厂子也不与日本人合作！他同另外许多有骨气的实业家、工程技术人员一样，决心拆迁工厂到大后方四川另起炉灶。1938年年初，范旭东名下的天津、南京化工厂都迁入了四川，并在五通桥建起了新的“永利碱厂”。

一次，侯德榜得到一个消息：德国人发明了一种新的制碱方法，它能使食盐的转化率高达95%，比苏尔维法一下提高了20%，而且它不会排出氯化钙这种废物，却能生产出一种化肥——氯化铵。不过，此法即使在德国，技术上也不大成熟，因此只能断断续续地生产。侯德榜看到了希望，就去德国学习，不料他很快失望而归，处在法西斯统治下的德国拒绝提供任何资料。

这时的侯德榜已是一个非常成熟的化工专家了，他就不信新的方法搞不出来，因为从理论上说，新方法并不神秘，关键是搞出新的生产工艺。这不仅是理论问题，更重要的是实践，而在实践中搞创新，正是侯德榜的拿手戏。

于是他下定决心，一定要和同事们自己把新工艺搞出来。从1939年开始，在侯德榜指导下，他们首先在物质条件较好的香港设置试验室。一年之内，试验五百多次，分析了二千多个样品，使新工艺流程首先在实验室内逐渐成熟起来。紧接着，分别在纽约、上海的外国租界进行扩大试验。到1940年，整个生产工艺全部通过试验完成，并以1942年夏发表的第二版《制碱工业》为标志，向世人宣告“侯氏制碱法”即联合制碱法的诞生。该制碱法的成功轰动了世界，成为当时最先进的制碱法，这也是侯德榜一生中成就的最高峰。

当解放的炮声隆隆响遍中国大地，国民党希望他去台湾，美国同行以重金聘他去美任职之时，他毅然选择了到解放区去，参加即将成立的新中国的建设。

解放后，他受到党和政府的高度重视，担任过化学工业部门的领导职务直至化工部副部长，成为新中国化工事业的主要奠基者之一。不仅如此，他还是一位受人尊敬的师长。早在永利碱厂当总工程师时，他就废除了工头制，聘用了十几名大学生任车间技术员，并悉心在实践中把他们带成各方面的专家。一个干杂务的小孩聪明伶俐，被他看中，终于被他培养成出色的设计工程师。

1974年8月26日，侯德榜因患白血病和脑溢血，病逝于北京。在他的骨灰盒上，覆盖着一面鲜红的中国共产党党旗。

【专家品析】

在中国化学工业史上，有一位杰出的科学家，他为祖国的化学工业事业奋斗终生，并以独创的制碱工艺闻名于世界，他就像一块坚硬的基石，托起了中国现代化学工业的大厦，这位先驱者就是被称为“国宝”的侯德榜。

这位伟大的科学家虽然离开我们而去，但是他在科技界为人类历史的年轮上留下了璀璨的光痕，侯德榜勤奋、创新和爱国的一生，一直在激励后人开拓进取、共创祖国的美好未来。

【科学成就】

侯德榜一生在化工技术上有三大贡献：第一，揭开了苏尔维制碱法的秘密。第二，创立了中国人自己的制碱工艺——侯氏制碱法。第三，他为发展小化肥工业所做的贡献。

43 巧手接婴过五万，中华妇科奠基人（林巧稚·当代）

【生平简介】

姓名：林巧稚。
别名：丽咪。
出生地：思明县鼓浪屿（今福建厦门市）。
生卒年：1901—1983年。
身份：中国医学科学院副院长、中国科学院院士。
主要成就：乙酰胆碱在正常分娩机制中的作用等。

【名家推介】

林巧稚（1901—1983），著名医学家。她是北京协和医院第一位中国籍妇产科主任及首届中国科学院唯一的女院士。

她一生亲自接生了五万多名婴儿。她在胎儿宫内呼吸、女性盆腔结核、妇科肿瘤、新生儿溶血症等研究方面做出了突出贡献，是中国现代妇产科学的奠基人之一。

【名家故事】

1901年，在福建厦门鼓浪屿，一个男主人叫林良英的殷实之家，诞生了一个姗姗来迟的小女孩，这个小女孩就是林巧稚。

1920年夏，19岁的林巧稚已在厦门女子师范学校读书八年，马上就要毕业了。毕业后去向何方？在常人看来，一个女子在青春妙龄之际，正是确定“终身大事”嫁人的时机，但林巧稚却不这么想，她从小就不信女子不如男人，她觉得这个世界处处给男人机会，而对女子却有种种限制，这太不公平了，她要抗争！

1921年7月下旬，和家庭抗争胜利后的林巧稚决定去北京报考协和医学院，当时协和医学院的淘汰制极严，75分才算及格，一门主课不及格留级，二门不及格除名，绝无补考和商量的余地，真是“物竞天择，适者生存”，但林巧稚凭着她的苦学和聪慧“生存”下来了。

在漫漫八年学习中，林巧稚独占鳌头，一路领先。当1929年6月毕业之时，入学的25人，只剩下16个，而她高居榜首，并获得协和医学院的最高荣誉奖——文海奖学金，同时获得了博士学位，她以自己的实践向世人证明：女子比男人一点也不差！

被留下在协和医院当住院医师的林巧稚，选择了妇产科，就这样林巧稚成为协和医院第一位女住院医师。仅仅半年时间，她就以自己出色的表现折服了众多同行和上司，被破格聘为总住院医师，走完了按常人需要五年才能走完的路，紧接着在第三年她又赢得了去英国深造的机会。回国后，到1935年，林巧稚已成为“协和”很有名气的主治医生。

1941年，林巧稚成为“协和”第一位女主任医师。在“协和”，就是外国人要想获得这个职位也决非易事。然而，凭着高超的医技和众人皆知的高尚医德，在妇产科主任空缺时，院方毫不犹豫地选择了这个中国女医生林巧稚。

在临床上，林巧稚把给妇女接生和护理，变成了一门精湛的艺术，凡经她的手，再难产的产妇都会化险为夷，她挽回了无数母亲和孩子的生命。她在实践中摸索的一整套技术、方法和程序，成为我国妇产科学的重要基础。

林巧稚发现，许多的妇科疾病都是可以预防的，许多婴幼儿的疾病都是来自先天的。因此，她极为赞成我国医疗制度中“预防为主”的基本方针，她认为单纯的医疗是治表不治本，医院只是治病的第二、第三道防线，真正的第一道防线是在预防上，在对广大正常生活中的妇女进行普查普治上。

林巧稚在对妇科恶性肿瘤的防治上做出了特别重要的贡献。除对子宫颈癌的防治方法之外，在她的指导下，她的学生在治疗“绒毛膜上皮癌”这一高度恶性肿瘤上取得了重大突破。到80年代初，一期、二期绒毛膜上皮癌治愈率几乎达百分之百；三期病人的治愈率也达到了50%以上。

1962年年初，包头一个女工寄来一封求救信。信中说：“她已生了四个孩子，但每个孩子出生后不几天就全身发黄死去。现在是第五个，已怀孕七个月。”她抱着一线希望求林巧稚救孩子一命。林巧稚毅然接收了这个孕妇，待孩子生下时，果然出现上述症状。这是典型的“新生儿溶血症”，病因是父母血型不合，林巧稚和她的治疗小组，勇敢地充当了第一个向这种病冲击的集体，他们采取给婴儿换血的方法，把脐静脉切开，抽出病血，注入新鲜血，终于救活了这个孩子。在此之后，他们又先后做成了几十例“新生儿溶血症”病例，填补了我国在这一妇产科学上的空白。

林巧稚始终不忘科普工作。她知道，只有千家万户都懂得了最基本的科学知识，才能使人类自身生产的落后状况获得根本改观。为此，她在攻克尖端病症的同时以极大的精力编写了《家庭卫生顾问》、《家庭育儿百科全书》等通俗易懂的科普读物，从而大大促进了这一学科在人民群众中的普及。

“春蚕到死丝方尽”，这是对林巧稚鞠躬尽瘁的一生的真实写照。1983年4月22日，在走完了82年勤奋人生之后，林巧稚病逝于北京。

林巧稚，这位生命天使，这位获得千千万万妇女衷心爱戴的中国伟大女性的名字，将和她创建的事业一起永存！

【专家品析】

林巧稚在产房里度过了五十多个春秋，亲手迎接了五万多条小生命来到人间，这个不曾做过母亲的伟大女性被人们尊称为“万婴之母”。虽然没有自己的孩子，但林巧稚却是最伟大的母亲，她把毕生精力无私地奉献给人民，被誉为“卓越的人民医学家”。

她去世时挽联上面写着："创妇产事业，拓道、奠基、宏图、奋斗、奉献九窍丹心，春蚕丝吐尽，静悄悄长眠去；谋母儿健康，救死、扶伤、党业、民生，笑染千万白发，蜡炬泪成灰，光熠熠照人间"。

【科学成就】

林巧稚率先对妇产科学许多方面进行了研究，著有《乙酰胆碱在正常分娩机制中的作用》、《二十四例良性葡萄胎及恶性葡萄胎转移的研究》，主编《妇科肿瘤》、《农村妇幼卫生常识问答》、《家庭育儿百科大全》等，这些都是中国以往妇产科医学史所未涉及的领域。

44 中国童鱼克隆父，科研严谨治学精（童第周·当代）

【生平简介】

姓名：童第周。

字：蔚荪。

出生地：浙江鄞县。

生卒年：1902—1979年。

身份：生物学家。

主要成就：文昌鱼发育的实验研究。

【名家推介】

童第周（1902—1979），字蔚孙，浙江鄞县人。他是中国科学院首批院士，是我国卓越的生物学家、教育家。

他生前曾担任过中国科学院副院长、动物研究所所长。他是卓越的实验胚胎学家，我国实验胚胎学的主要创始人，生物科学研究的杰出领导者，他是生物学界一代宗师，被称为“中国童鱼克隆之父”。

【名家故事】

童第周1902年出生在浙江，他的父亲是一个教私塾的先生，童第周从小就跟着父亲读私塾，边学习边劳动。父亲常常给小童第周讲古人刻苦读书的故事，讲学海无涯、学习上一定要持之以恒的道理，还写了“水滴石穿”四个字，挂在童第周的书桌旁，勉励他好好学习，希望他将来有出息。

靠着“水滴石穿”、铁杵也能磨成针的精神，基础薄弱的童第周考取了效实中学三年级，只不过成绩是倒数第一。一年以后，童第周从倒数第一变为顺数第一，几何成绩从入学时的不及格变为一年后的一百分。后来，童第周以优异的成绩考入了复旦大学，成为复旦的高才生。毕业以后，他又到比利时布鲁塞尔的比京大学留学，在欧洲著名生物学者勃朗歇尔教授的指导下，开始了胚胎学的研究。

有一次做实验，教授要求学生们设法把青蛙卵膜剥下来，这是一项难度很大的手术，青蛙卵只有小米粒大小，外面紧紧地包着三层像蛋白一样的软膜，因为卵小膜薄，手术只能在显微镜下进行。许多人都失败了，他们一剥开卵膜，就把青蛙卵也给撕破了，只有童第周一人不声不响地完成了这项实验任务。

勃朗歇尔教授知道后，特地安排了一次观察实验，把学生们都找来看，实验开始了，童第周不慌不忙地走到显微镜前，熟练地操作着。在显微镜下，他先用一根钢针在卵上刺了一个小洞，于是胀得圆滚滚的青蛙卵马上就松弛下来，变成扁圆形的，再用钢镊往两边轻轻一挑，青蛙卵的卵膜就从卵上顺利地脱落下来了。人们看到，他像钟表工人那样细心，像绣花姑娘那样灵巧，像高明的外科医生那样一丝不苟，他干得又快又利落。“成功了！成功了！”同学们涌上去祝贺，勃朗歇尔教授更是激动万分，这是他搞了几年也没有搞成的项目啊！他抑制不住内心的喜悦，连声称赞："童第周真行！中国人真行！"童第周剥除青蛙卵膜手术的成功，一下子震动了欧洲的生物界。

四年之后，通过答辩，比利时的学术委员会决定授予童第周博士学位。在荣获学位的大会上，童第周激动地说："我是中国人，有人说中国人笨，我获得了贵国的博士学位，至少可以说明中国人决不比别人笨。"在场的教授纷纷点头，有的还伸出大拇指。

1937年，抗日战争爆发，童第周谢绝了专家和同学们的挽留，毅然回到了灾难深重的祖国。他来到四川宜宾一个村镇教书，在紧张的教学中始终没有忘记搞科学研究。可是，这里没有科学仪器，连一架显微镜也没有，没办法继续开展胚胎学的研究工作。一次意外的发现给他带来了希望：在小镇的旧货摊上他们看到了一架旧显微镜，但要价太贵，当时夫妻俩掏尽了口袋还凑不足一半，又向别人借了一些还不够，最后只好把他们的衣服拿去典当，好不容易才买回这架旧显微镜。有了显微镜，但没有所需要的灯光照明，还是不能进行操作。他们只好把显微镜搬到室外，冬天利用雪地微弱的反光，他忘记了寒冷在聚精会神地工作着。夏天烈日当头，汗流浃背，即使汗水滴在视镜上模糊了视线，或是风把一粒小沙子吹进了载物器，甚至占据了整个视野……童第周仍然坚持攻关。一般说来，每一个试验数据都要重复一二次，而他往往要重复五六次。然而，就在这简陋的显微镜下，在这低矮的小土屋里，童第周却撰写了一篇篇具有学术价值的论文，震惊了国内外生物界的学者。

1973年，在周总理的亲切关怀下，童第周和他的伙伴们开始了细胞遗传学的研究工作。他在显微镜下解剖，用比绣花针还细的玻璃注射针，把从鲫鱼的卵细胞中取出来的遗传因子，注射到金鱼的受精卵中。金鱼的卵还没有小米粒大，做这样的实验该有多难啊！可是童第周成功了，结果孵化出的幼鱼中，有一条鱼披着金色的鳞片，长着鲫鱼那样的单尾巴，说明鲫鱼的遗传基因，已经在金鱼卵中发生了作用。这种鱼因为是童第周创造出来的，因此，人们叫它"童鱼"。

1979年3月，在浙江科技大学的讲台上，他突然眩晕，从此一病不起，不久病逝。他为祖国科学事业的振兴，实践了他的誓言："愿效老牛，为国捐躯！"

【专家品析】

世界上没有天才，天才是用劳动换来的，要攀登生物学的高峰，需要付出更艰苦的劳动，童第周就是这样做到的。

童第周系统地研究了在生物进化中具有重要地位的脊索动物文昌鱼卵子发育的规律，精确地绘制了器官预定形成物质的分布图，证明了文昌鱼分裂球具有一定的调整能力等，为进一步确定文昌鱼在分类学上的地位提供了重要证据。这些研究成果至今是科学文献中的精品，在国内外学术界产生了深远的影响，开创了我国"克隆"技术的先河，童第周是中国当之无愧的"克隆之父"。

【科学成就】

首先，他是中国实验胚胎学的创始人之一；其次，他证明了在未受精卵子中已经存在着器官形成物质，而且有了一定的分布，精子的进入对此没有决定性的影响。另外，观察到内胚层和外胚层似乎有相当的等能性，而且吸附乳头和感觉细胞的形成依赖于外来因素，说明了卵质对个体发育的重要性。

45 华氏定理显天分，数学史上开拓人（华罗庚·当代）

【生平简介】

姓名：华罗庚。

出生地：江苏金坛。

生卒年：1910—1985年。

身份：数学家。

主要成就：著有《堆垒素数论》、《优选学》、《高等数学引论》、《从杨辉三角谈起》等。

【名家推介】

华罗庚（1910—1985），生于江苏金坛，卒于日本东京。中国著名数学家，中国科学院院士，美国国家科学院外籍院士。他是中国解析数论、典型群、矩阵几何学、自守函数论和多复变函数等很多方面研究的创始人与奠基者，也是中国在世界上最有影响的数学家之一。

国际上以华氏命名的数学科研成果有“华氏定理”、“怀依—华不等式”、“华氏不等式”、“普劳威尔—加当华定理”、“华氏算子”、“华—王方法”等。

【名家故事】

华罗庚12岁进入金坛县立初级中学学习，初一之后，便深深爱上了数学。一天，老师出了道“物不知其数”的算题。老师说，这是《孙子算经》中一道有名的算题：“今有物不知其数，三三数之剩二，五五数之剩三，七七数之剩二，问物几何？”“23！”老师的话音刚落，华罗庚的答案就脱口而出。当时的华罗庚并未学过《孙子算经》，他是用如下妙法思考的："三三数之剩二，七七数之剩二，余数都是二，此数可能是$3\times7+2=23$，用5除之恰余3，所以23就是所求之数。"在数学上华罗庚绝对是天才。

1925年初中毕业后，因家境贫寒，无力进入高中学习，华罗庚被迫中途辍学，回到金坛帮助父亲料理杂货铺。他回家乡一面帮助父亲在杂货店里干活、记账，一面继续钻研数学。

1930年，华罗庚的第一篇论文《苏家驹之代数的五次方程式解法不能成立的理由》，在上海《科学》杂志上发表了。一个偏僻地方的小职员竟然向大名鼎鼎的数学权威、大学教授发出了挑战！

在清华大学担任数学系主任的熊庆来教授，看到华罗庚这篇文章后，高兴地说："这个年轻人真不简单，快请他到清华来！"这一年，华罗庚只有20岁。

1931年夏天，华罗庚到了清华大学，在数学系当助理员。白天，他领文献，收发信件，通知开会，还兼管图书、打字、保管考卷，忙得不可开交。晚上，他一头扎进图书馆，在数学文献的浩瀚海洋里涉珍猎宝，一天只睡四五个小时。他以惊人的毅力，只用了一年半时间，就攻下了数学专业的全部课程，还自学了英文、德文和法文。他以敏捷的才思，用英文写了三篇数学论文，寄到国外，全部被发表。

不久，清华大学的教授会召开特别会议，通过一项决议：破格让华罗庚这个初中毕业生作助教，给大学生们讲授微积分，这在清华大学是史无前例的。

1936年夏天，他被保送到英国剑桥大学留学。在英国，他参加了一个有名的数论学家小组，对华林问题和哥德巴赫问题进行了深入的研究，他的研究成果十分显著，并得出了著名的华氏定理。

在剑桥大学的两年中，他写了十八篇论文，先后发表在英、苏、印度、法、德等国的杂志上。按其成就，已经超越了博士生的要求，但因他在剑桥大学未能正式入学，因而未得到博士学位。

1941年，他完成了第一部著作《堆垒素数论》的手稿，他把这本手稿交给了原中央研究院数学研究所，但是没有出版。1946年4月，苏联科学院出版了他的成名代表作《堆垒素数论》一书，其中有些论证，现在还被认为是经典佳作。

由于迫不得已，在国民党统治的后期，华罗庚选择了出国，在美国的四年，华罗庚先后担任过普林斯顿大学客座讲师、伊利诺大学教授等。这期间，他研究的范围不断扩大，“掌握了20世纪数论的至高观点”，并纠正了两个欧洲数学家在二十年前所作的证明中的一个错误，美国同行对他的天才和成就赞叹不已。

新中国成立了，消息传到美国，华罗庚毅然放弃了伊利诺大学终身教授的职务，以到英国讲学为名，设法为全家弄到了船票。1950年3月16日，华罗庚到达北京，回到清华大学担任教授。

回国后，华罗庚先后担任过中国科学院数学研究所、应用数学研究所所长，中国科学技术大学副校长，中国科学院副院长等职务。他为中国的数学科学研究事业做出了重大的贡献。他在典型域方面的研究中所引入的度量，被称为“华罗庚度量”。1957年1月，他以《多复变函数典型域上的调和分析》的论文获中国科学院自然科学一等奖。1957年，他的六十万字的《数论导引》出版，在国际上引起了很大的反响。国际性数学杂志《数学评论》高度评价说：“这是一本有价值的、重要的教科书，有点像哈代与拉伊特的《数论导引》，但在范围上已超越了它。”据不完全统计，数十年里华罗庚共写了一百五十二篇数学论文、九部专著、十一本科普著作。

华罗庚除致力于数学研究外，还非常注意发现人才、培养人才。他热心地写文章，发表演讲，向青年们传授学习经验。在华罗庚的精心栽培下，数学研究所不断涌现出出类拔萃的人才。陈景润、万哲先、陆启铿、王元等有成就的数学家都是他的学生。

1979年11月9日，华罗庚身穿深灰色的中山装来到法国南锡市的南锡大学大厦礼堂，会场上色彩缤纷，气氛热烈。在雄壮的中华人民共和国国歌声中，华罗庚光荣地接受了“荣誉博士”证书、勋章和纪念章。四年后的一个春日，德国施普林格出版公司出版了《华罗庚选集》。在当今国际数学界，数学家能够出版选集的屈指可数，而外国出版社为中国数学家出版选集的，华罗庚是第一位。

【专家品析】

华罗庚，国际数学大师，他为中国数学的发展做出了无与伦比的贡献。他在解析数论方面的成就尤其广为人知，国际间颇具盛名的“中国解析数论学派”即华罗庚开创规划学派，该学派对于质数分布问题与哥德巴赫猜想做出了许多重大贡献。他在多复变函数论、矩阵几何学方面的卓越贡献，更是影响到了世界数学的发展，也有国际上有名的“典型群中国学派”，华罗庚先生在多复变函数论、典型群方面的研究领先西方数学界十多年。

美国著名数学史家贝特曼著文称：“华罗庚是中国的爱因斯坦，可以称为全世界所有著名科学院院士。”他还被列为芝加哥科学技术博物馆中当今世界八十八位数学伟人之一。

【科学成就】

华罗庚是中国解析数论、矩阵几何学、典型群、自守函数论等多方面研究的创始人和开拓者。他一生为我们留下了十部巨著：《堆垒素数论》、《指数和的估价及其在数论中的应用》、《多复变函数论中的典型域的调和分析》、《数论导引》、《典型群》（与万哲先合著）、《从单位圆谈起》、《数论在近似分析中的应用》（与王元合著）、《二阶两个自变数两个未知函数的常系数线性偏微分方程组》、《优选学》及《计划经济范围最优化的数学理论》等。

㊻ 航天事业奠基人，两弹一星建功勋（钱学森·当代）

【生平简介】

姓名：钱学森。
出生地：浙江省杭州市。
生卒年：1911—2009年。
身份：科学家、火箭专家。
主要成就：著有《工程控制论》、《物理力学讲义》、《星际航行概论》、《论系统工程》等。

【名家推介】

钱学森（1911—2009），汉族，浙江省杭州市人。中国共产党优秀党员、忠诚的共产主义战士、享誉海内外的杰出科学家和中国航天事业的奠基人，中国两弹一星功勋奖章获得者。

他曾任美国麻省理工学院教授、加州理工学院教授，担任中国人民政治协商会议第六、第七、第八届全国委员会副主席、中国科学技术协会名誉主席、全国政协副主席等重要职务。

【名家故事】

从1923年进入北京师范大学附属中学开始，他就立下了要用所学的科技知识报效国家的志向。1929年，他考入上海交通大学机械工程系学习机车制造专业，后来，受到淞沪抗战中中国军队航空力量太弱的刺激，他决心改变自己的专业方向，努力掌握飞机制造的尖端技术。

1934年，钱学森考取清华大学公费留学生，次年9月进入美国麻省理工学院航空系学习，两年后，他转入美国加州理工学院航空系，成为世界著名空气动力学教授冯·卡门的学生，先后获得航空工程硕士学位和航空、数学博士学位。

1938年至1955年，钱学森在美国从事空气动力学、固体力学和火箭、导弹等领域研究，并与导师共同完成高速空气动力学问题研究课题和建立“卡门—钱近似”公式，在28岁时就成为世界知名的空气动力学家。

尽管在美国有着优厚的工作和生活待遇，然而，功成名就的钱学森却始终关心着祖国的发展。1955年10月，钱学森终于冲破种种阻力回到祖国。回国后，他和钱伟长合作筹建中国科学院力学研究所，并出任该所首任所长，不久后，他就全面投入到中国的火箭和导弹研制的工作。

1956年年初，钱学森向中共中央、国务院提出《建立我国国防航空工业的意见书》。在《意见书》中，他对发展我国的导弹事业提出了长远规划。同年，国务院、中央军委根据他的建议，成立了导弹、航空科学研究的领导机构航空工业委员会，并任命他为委员。

也在这一年，钱学森受命组建中国第一个火箭、导弹研究机构——国防部第五研究院，并担任首任院长。

从那时开始，钱学森长期担任火箭导弹和航天器研制的技术领导职务，以他在总体、动力、制导、气动力、结构、材料、计算机、质量控制和科技管理等领域的丰富知识，对中国火箭、导弹和航天事业的发展做出了重大贡献，赢得了“中国航天之父”的美誉。

他主持完成了“喷气和火箭技术的建立”规划，参与了近程导弹、中近程导弹和中国第一颗人造地球卫星的研制，直接领导了用中近程导弹运载原子弹的“两弹结合”试验，参与制订了中国第一个星际航空的发展规划，发展建立了工程控制论和系统学等。

钱学森是举世公认的人类航天科技的重要开创者和主要奠基人之一，是工程控制论的创始人，是20世纪应用数学和应用力学领域的领袖人物，被称为中国近代力学和系统工程理论与应用研究的奠基人。他在空气动力学、航空工程、喷气推进、工程控制论、物理力学等技术科学领域做出了开创性贡献，著有《工程控制论》、《论系统工程》、《星际航行概论》等。

钱学森是中国科学院院士、中国工程院院士，曾获中科院自然科学奖一等奖、国家科技进步奖特等奖、小罗克韦尔奖章和世界级科学与工程名人称号，被国务院、中央军委授予“国家杰出贡献科学家”荣誉称号，获中共中央、国务院、中央军委颁发的“两弹一星”功勋奖章。

在毕生实践着科学报国信念的奋斗历程中，钱学森淡泊名利，人品高洁，充分展现出一位科学大师的高尚风范。他说：“我作为一名中国的科技工作者，活着的目的就是要为人民服务。如果人民最后对我一生所做的工作表示满意的话，那才是对我最高的奖赏。”

2009年9月10日，在中央宣传部、中央组织部、中央统战部、中央文献研究室、中央党史研究室、民政部、人力资源社会保障部、全国总工会、共青团中央、全国妇联、解放军总政治部等十一个部门联合组织的“一百位为新中国成立做出突出贡献的英雄模范人物和一百位新中国成立以来感动中国人物”评选活动中，钱学森被评为“一百位新中国成立以来感动中国人物”。

2009年10月31日，这位被誉为人民科学家的科学巨擘走完98年的人生历程，溘然长逝。

【专家品析】

钱学森是为新中国成长做出无可估量贡献的老一辈科学家团体中影响最大、功勋最为卓著的杰出代表人物，他是新中国爱国留学归国人员中最具代表性的国家建设者，是新中国历史上享有崇高威望的人民科学家。

2009年，他被评为“一百位新中国成立以来感动中国人物”之一；第二届中国绿色发展高层论坛授予钱学森“中国绿色贡献终身成就奖”。

【科学成就】

钱学森同志是新中国历史上伟大的人民科学家，被誉为“中国航天之父”、“中国导弹之父”、“火箭之王”、“中国自动化控制之父”。中国国务院、中央军委授予“国家杰出贡献科学家”荣誉称号，获中共中央、国务院中央军委颁发的“两弹一星”功勋奖章。

47 研究所满门忠烈，核武器两弹一星（钱三强•当代）

【生平简介】

姓名：钱三强。

原名：钱秉穹。

出生地：浙江省湖州市。

生卒年：1913—1992年。

身份：核物理学家。

主要成就：“两弹一星”元勋。

【名家推介】

钱三强（1913—1992），原名钱秉穹，核物理学家，中国科学院院士，曾任浙江大学校长。

他是居里夫妇的学生，又与妻子何泽慧一同被西方称为“中国的居里夫妇”，他是中国发展核武器的组织协调者和总设计师，中国“两弹一星”元勋，人们称他领导的研究所“满门忠烈”。

【名家故事】

钱三强出生在书香世家，为培养钱三强，在他7岁时，父亲送他进了由蔡元培、李石曾、沈尹默等北京大学教授们创办的子弟学校——孔德学校。钱三强在这样的环境中，接受他们的教育，通过自己的努力，逐渐成为一个兴趣广泛的学生，对音乐、体育、美术，钱三强都特别精通。

1929年，钱三强在父亲的支持下考入了北京大学理科预科，同时还听本科的课程。吴有训教授的近代物理学、萨本栋教授的电磁学吸引着钱三强，两位学者的博学及严谨的治学精神也深深教育着钱三强。

1936年，钱三强以毕业论文90分的优异成绩毕业，经吴有训教授的推荐，钱三强大学毕业后，便到北平研究院物理研究所著名的物理学家严慈济所长的手下做一名助理员，从事分子光谱方面的研究工作。

由于学习成绩优异，1937年9月，钱三强在导师严教授的引荐下，来到巴黎大学镭学研究所居里实验室攻读博士学位。伊莱纳·约里奥——也即居里夫人的大女儿，就是钱三强的导师。伊莱纳像她的慈母居里夫人一样，潜心于科学研究，忘我勤奋，作风严谨，品格高尚，待人谦和、热忱，他在这样一个导师的教导下学习，的确是一个难得的好机会。

钱三强的住处距实验室较远，每天，天蒙蒙亮，钱三强就起床，匆匆吃点东西，赶乘地铁到实验室，一直很晚才回住处。不久，他写出三十多篇科研论文。

为了使钱三强有更多的学习机会，约里奥·居里夫人又提议，让钱三强到她的丈夫约里奥先生主持的法兰西学院的原子核化学研究所学习，并允许他一段时间在这里工作，一段时间到那里工作。在约里奥先生实验室工作，不仅向先生学到科学技术，还学到他的科学思想、科学道德，这使钱三强受益终身。

不久，约里奥·居里夫人又邀请钱三强和她合作证明核裂变理论，在两位导师的指导下，钱三强很快完成了博士论文——《α粒子与质子的碰撞》。1940年，钱三强获得了法国国家博士学位。

钱三强是幸运者，能在两位世界第一流科学家的教诲下学习、工作，使他很快进入了科学研究的前沿，还使他亲眼目睹了人类一次伟大的科学发现——核裂变。

1946年春，钱三强与他的同行合作，经过反复实验，终于发现了铀核的三分裂和四分裂。这一发现不仅反映了铀核特点，而且使人类能进一步探讨核裂变的普遍性。导师约里奥骄傲地说："这是第二次世界大战后，他的实验室的第一个重要的工作。"为此，1946年年底，钱三强荣获法国科学院亨利·德巴微物理学奖，1947年升任法国国家科学研究中心研究导师。

十一年的勤奋使钱三强获得了最高的奖赏，也赢得了留法中国人中学术水平最高的地位，在这样优越的工作条件和生活条件下，他却要回国。

1948年，钱三强找到了中共驻欧洲的负责人刘宁一，提出要求回国的心愿，刘宁一鼓励他，"回国大有作为"。钱三强也把自己要回国的打算告诉了导师约里奥。听了学生的要求，身为法国共产党员的约里奥满意地说："要是我，也会作出这样的决定。"钱三强又去向约里奥的夫人话别。约里奥·居里夫人语重心长地说："我俩经常讲，要为科学服务，科学要为人民服务，希望你把这两句话带回去吧！"导师的话，成为他一生的座右铭。

1948年夏，钱三强带着法国朋友的友谊和祖国人民的殷切期望，回到了阔别十一年的祖国，迈上了新的里程。

中国科学院近代物理研究所成立后，钱三强先后担任了副所长、所长职务。1955年，中央决定发展本国核力量后，他又成为规划的制定人。1958年，他参加了苏联援助的原子反应堆的建设，并会聚了一大批核科学家，包括他的夫人何泽慧，他还将邓稼先等优秀人才推荐到研制核武器的队伍中。

为了研究一种扩散分离膜，由钱三强领导成立了攻关小组，经过四年的努力研究，成为继美、苏、法之后第四个能制造扩散分离膜的国家。同时成功地研制了我国第一台大型通用计算机，成功地承担了第一颗原子弹内爆分析和计算工作。

原子弹的整个研制过程浸透了钱三强的智慧与心血。他不仅为原子弹的研制做出了贡献，也为我国原子能科学事业的发展呕心呖血，为培养我国原子能科技队伍立下了不朽的功勋。他是中国发展核武器的组织协调者和总设计师，中国“两弹一星”元勋，人称他领导的研究所“满门忠烈”。

【专家品析】

随着一声声巨响，中国科技骄傲地屹立于世界。从原子弹到氢弹，钱三强倾注了他所有的心血，多年以后，人们用了一个分量很重的词形容他的功绩：“不可替代”。中国第一颗原子弹爆炸八个月后，法国国内第一次公开中国科学的发展状况，巴黎一家权威科学杂志曾这样写道：“中国原子能研究所的领导人，物理学家钱三强，是真正的中国原子弹之父。”

钱三强，这位中国原子能事业的奠基者，当他迎来最终的荣耀时，他却对人们说：“请还我的本来面貌。”

【科学成就】

他发现重原子核三分裂和四分裂现象，并对三分裂机制作了合理解释，深化了对裂变反应的认识，为中国原子能科学事业的创立和“两弹”研究，创立了不朽的功勋，被誉为中国原子能科学之父。

他还为中国科学院的组建和发展，特别是建立和健全学术领导，培养科学技术人才，开展国际学术交流，组织和协调重大科研项目等方面，做出了重要贡献。

48 开水稻杂交先河，创世界农学发明（袁隆平·当代）

【生平简介】

姓名：袁隆平。

出生地：北京。

出生日期：1930年。

身份：杂交水稻专家。

主要成就：“杂交水稻之父”、“当代神农”，解决中国人的吃饭问题。

【名家推介】

袁隆平，江西省德安县人。他是中国杂交水稻育种专家，中国工程院院士。现任中国国家杂交水稻工作技术中心主任、湖南杂交水稻研究中心主任、中国农业大学客座教授、联合国粮农组织首席顾问、湖南省科协副主席和湖南省政协副主席等职。2006年4月当选美国科学院外籍院士，被誉为“杂交水稻之父”。

【名家故事】

袁隆平西南农学院农学系毕业后，1953年被分配到偏远落后的湘西雪峰山麓安江农校教书。在那里，才华横溢的袁隆平的职称一直没有提升，工资一直原地踏步，房子窄小阴暗。1960年7月，在安江农校实习农场早稻田中，他发现了“鹤立鸡群”的特异稻株，第二年认识到这是“天然杂交稻株”，他受到启发，面对当时严重饥荒，他从此立志用农业科技击败饥饿威胁，开始了他的水稻雄性不育试验。

1960年，袁隆平从一些学报上获悉杂交高粱、杂交玉米、无籽西瓜等，都已广泛应用于国内外生产中。于是，袁隆平跳出了无性杂交学说圈，开始进行水稻的有性杂交试验。在1964年至1965年两年的水稻开花季节里，他和助手们每天头顶烈日，脚踩烂泥，低头弯腰，终于在稻田里找到了六株天然雄性不育的植株。科学数据发表在1966年第十七卷第四期《科学通报》上，这是国内第一次论述水稻雄性不育性的论文。

从1964年发现“天然雄性不育株”算起，袁隆平和助手们整整花了六年时间，先后用一千多个品种，做了三千多个杂交组合，仍然没有培育出不育株率和不育度都达到百分之百的不育系来。在研究水稻的十多个春秋里，袁隆平经历了一次又一次的失败，熬过了一次又一次的挫折，经受了一次又一次的打击。“十年动乱”几乎断送了他的全部试验成果，还好，虽然那些水稻坏了，可是袁隆平的助手事先藏了几株雄性水稻。

1973年10月，袁隆平发表了题为《利用野败选育三系的进展》的论文，正式宣告我国籼型杂交水稻“三系”配套成功，这是我国水稻育种的一个重大突破。

1974年，袁隆平终于将水稻种子配制成功，并组织了优势鉴定。1975年又在湖南省委、省政府的支持下，获得大面积制种成功，为次年大面积推广作好了种子准备，使该项研究成果进入大面积推广阶段。

1975年冬，国务院作出了迅速扩大试种和大量推广杂交水稻的决定，国家投入了大量人力、物力、财力，一年三代地进行繁殖制种，以最快的速度推广。1976年定点示范208万亩，在全国范围开始应用于生产，到1988年全国杂交稻面积1.94亿亩，占水稻面积的39.6%，而总产量占18.5%。十年期间，全国累计种植杂交稻面积12.56亿亩，累计增产稻谷一千亿公斤以上，增加总产值280亿元，取得了巨大的经济效益和社会效益。群众交口称赞靠两“平”解决了吃饭问题，一靠党中央政策的高水平，二靠袁隆平的杂交稻，人们用朴实的语言，说出了亿万中国农民的心里话。

袁隆平凭着丰富的想象、敏锐的直觉和大胆的创造精神，认真总结了百年农作物育种史和二十年“三系杂交稻”育种经验，以及他所掌握的丰富的育种材料，于1986年10月提出了“杂交水稻育种的战略设想”，高瞻远瞩地设想了杂交水稻的两个战略发展阶段，这是袁隆平杂交水稻理论发展的又一座新高峰。在袁隆平的战略思想指引下，杂交水稻从“三系法”过渡到“两系法”开拓了新局面。

1981年袁隆平的杂交水稻成果在国内获得建国以来第一个特等发明奖之后，从1985～1988年的短短四年内，又连续荣获了三个国际性科学大奖。国际友人称颂这位“当代神农氏”培育的杂交水稻是中国继指南针、火药、造纸、活字印刷之后，对人类作出的“第五大贡献”。国际水稻研究所所长、印度前农业部长斯瓦米纳森博士高度评价说：“我们把袁隆平先生称为‘杂交水稻之父’，因为他的成就不仅是中国的骄傲，也是世界的骄傲，他的成就给人类带来了福音。”

【专家品析】

“杂交水稻之父”袁隆平，在充满坎坷的研究道路上奋力跋涉，把绿色的梦想书写在大地之上。在布满荆棘的实验丛林中呕心沥血，历经无数次的挫折和失败，为生命中弥足珍贵的杂交水稻事业无怨无悔地奋斗一生，历经数十载的不懈探索和艰难实践，袁隆平终于成功了，他不仅解决了中国人的吃饭问题，而且给全人类带来了福音。

从袁隆平身上，我们可以体会出中国科学家心忧天下、造福人类的伟大抱负，自强不息、勇攀高峰的创新精神，不畏艰辛、迎难而上的坚强意志，淡泊名利、奉献社会的高尚情操。

【科学成就】

袁隆平是现代农业研究史上一位科学巨人，他对世界性的食物生产产生了极大影响。在他的领导下，来自不同研究机构和大学的数百名科学家，经过十年的合作研究，使水稻产量总体提高了20%，中国的水稻产量提高了50%。为帮助增加世界食物供给，他还向世界各国的科学家提供了他的知识、技术和育种材料。

参考文献

[1] 吴新勋．中国历史名人传:劳苦功高的科学家[M].北京：九州出版社，2010.

[2] 李迪．中国历史上杰出的科学家和能工巧匠[M].呼和浩特：内蒙古人民出版社，1978.

[3] 刘贵芹．中国古代科学家[M].北京：北京科学技术出版社，1995.

[4] 杜马．中国古代科学家[M]．兰州：甘肃人民出版社，1995.

[5] 于松．影响人类历史发展进程的100位科学家[M]．北京：中国致公出版社，2010.